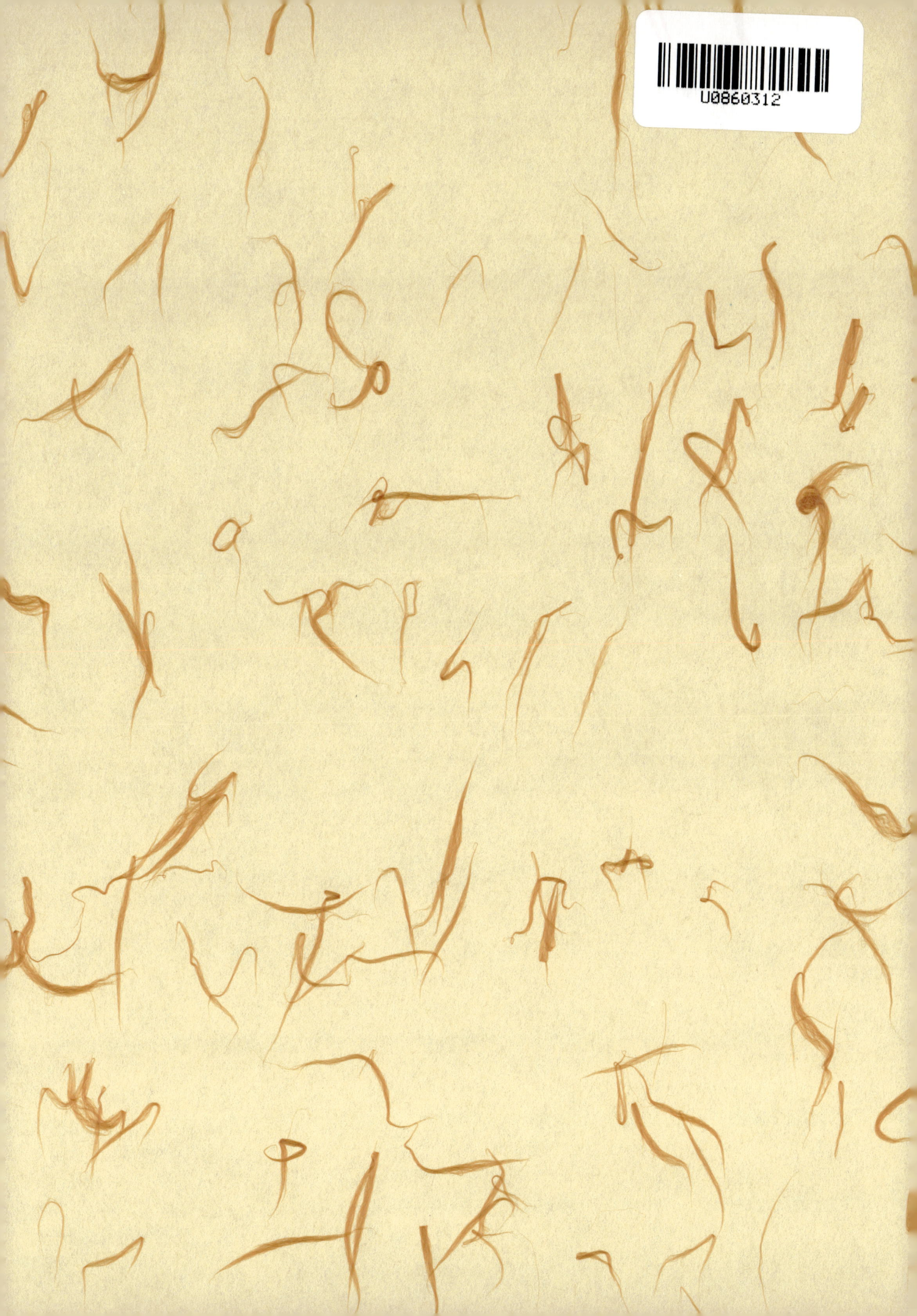

故道

陈仓古道
调查报告之二

宝鸡市考古研究所　编著

科学出版社
北京

图书在版编目（CIP）数据

故道：陈仓古道调查报告之二／宝鸡市考古研究所编著．—北京：科学出版社，2019.10
 ISBN 978-7-03-062448-2

Ⅰ.①故… Ⅱ.①宝… Ⅲ.①古道－研究报告－陈仓区 Ⅳ.①K928.78

中国版本图书馆CIP数据核字（2019）第215253号

责任编辑：李　茜／责任校对：王晓茜
责任印制：肖　兴／书籍设计：北京美光设计制版有限公司

科 学 出 版 社 出版
北京东黄城根北街16号
邮政编码：100717
http://www.sciencep.com

北京华联印刷有限公司 印刷
科学出版社发行　各地新华书店经销
*
2019年10月第 一 版　开本：889×1194 1/16
2019年10月第一次印刷　印张：14 1/2
字数：396 000

定价：268.00元
（如有印装质量问题，我社负责调换）

陕西省文物局

陕西省文物保护和技术研究课题
陈仓古道调查

（项目编号：2011-K-018）

故道

陈仓古道调查报告之二

《故道》编委会

主　编

刘军社

副主编

辛怡华　王　颢

执行主编

张　程

项目承担单位

宝鸡市考古研究所

目 录

概述

第一章　绪论

第一节　**地理环境** ………………………………………………………008
　　一　清姜河 ………………………………………………………008
　　二　嘉陵江及其支流 ……………………………………………009

第二节　**历史沿革** ………………………………………………………012
　　一　道路名称与线路变化 ………………………………………012
　　二　改栈阁为碥路 ………………………………………………014

第二章　故道干道及沿线遗迹

第一节　**益门至秦岭梁垭口** ……………………………………………020
　　一　古道道路遗迹 ………………………………………………021
　（一）益门至沙铺 …………………………………………………021
　（二）沙铺至大散关 ………………………………………………024
　（三）大散关至秦岭梁垭口 ………………………………………029
　　二　沿线文物 ……………………………………………………032
　　　　宝鸡市渭滨区神农镇 ………………………………………032
　　1　三岔河遗址（新石器时代）…………………………………032
　　2　大湾铺遗址（新石器时代）…………………………………032
　　3　姜城堡遗址（新石器时代、西周）…………………………033
　　4　峪泉遗址（新石器时代、西周）……………………………034
　　5　姜城堡址（新石器时代、西周）……………………………034
　　6　益门堡遗址（新石器时代、西周）…………………………035
　　7　任家湾遗址（新石器时代、西周）…………………………035

8	茹家庄遗址（商、西周）	036
9	诸葛山遗址（战国、宋）	036
10	大散关遗址（北魏—南宋）	037
11	濛峪沟墓群（西周、春秋）	038
12	竹园沟墓群（西周）	038
13	茹家庄墓群（东周）	039
14	益门堡春秋墓（春秋）	039
15	姜城堡墓群（春秋、唐、北宋）	040
16	川陕路北口墓群（唐、宋）	040
17	东四路北墓群（北宋、元）	041
18	炎帝墓冢（1993年）	041
19	关帝庙前殿（清）	042
20	益门堡关帝庙献殿（清）	043
21	诸葛大殿（清）	043
22	峪泉造像碑（元）	044
23	益门雄镇石匾（明）	044
24	重修关帝庙碑（明）	044
25	重修药王庙碑（清）	046
26	禁采兰草碑（清）	046
27	吊炉（清）	046
28	革除陋规碑（清）	047
29	"常羊育炎"题刻（清）	047
30	"山海镇口"题刻（清）	048
31	大王祠碑（清）	048
32	重修关帝庙碑记碑（清）	049
33	关帝庙捐资碑（清）	049
34	秦岭碑（1939年）	049
35	大散关摩崖题记（1936年）	049
36	重修菩萨庙碑（1940年）	050
37	秦岭标志碑（1987年）	050
38	炎帝陵园碑（1993年）	051
39	九龙泉碑（不详）	051

第二节　秦岭梁垭口至凤州村 … 052

一　古道道路遗迹 … 053

(一) 秦岭梁垭口至北星村 ……………………………………… 053
(二) 北星村至永红村 …………………………………………… 060
(三) 永红村至凤州村 …………………………………………… 066

二 沿线文物 ……………………………………………………… 067
(一) 凤县黄牛铺 ………………………………………………… 068
  1 黄牛铺遗址（新石器时代）………………………………… 068
  2 煎茶坪遗址（汉）………………………………………… 068
  3 桥东遗址（汉）…………………………………………… 069
  4 鲍家庄遗址（宋）………………………………………… 070
  5 鲍山岭寨址（宋）………………………………………… 070
  6 黄牛铺夯土台址（宋、金）……………………………… 070
  7 佛殿沟石佛殿遗址（清）………………………………… 071
  8 东河桥村三官庙址（民国时期）………………………… 071
  9 秦岭梁碥道遗址（不详）………………………………… 072
  10 宽滩村徐公夫妇墓（清·道光六年，1826年）………… 074
  11 红石窑清墓（清·道光二十六年，1846年）…………… 074
  12 宽滩村观音庙（清·咸丰四年，1854年）……………… 074
  13 黄牛铺村罗先元墓（清·同治五年，1866年）………… 075
  14 社铺石造像（明）……………………………………… 076
  15 佛殿沟石造像（清）…………………………………… 076
  16 宝鸡县西南界碑（清）………………………………… 077
  17 凤县南界碑（清·嘉庆十一年，1806年）……………… 077
  18 宽滩村忠侯寺产界碑（清·咸丰四年，1854年）……… 078
  19 秦岭标志碑（1939年）………………………………… 078
  20 东河桥村石龛（不详）………………………………… 078

(二) 凤县红花铺 ………………………………………………… 079
  1 蒋家沟遗址（新石器时代、春秋）……………………… 079
  2 庙湾遗址（新石器时代、宋）…………………………… 080
  3 寺村遗址（新石器时代）………………………………… 080
  4 永红遗址（商）…………………………………………… 081
  5 殷家庄圣母庙遗址（清）………………………………… 081
  6 天台寺遗址（清）………………………………………… 082
  7 长桥栈道遗址（不详）…………………………………… 082
  8 天台寺僧人墓塔（清·道光二十八年，1848年）……… 083

	9 五里庙僧人墓塔（清·同治十年，1871年）	083
	10 天台寺关帝殿（1941年）	086
	11 重修龙王庙碑（清·嘉庆二十二年，1817年）	088
	12 洪林寺功果碑（清·道光十一年，1831年）	088
第三节	凤州村至龙家坪村	089
一	古道道路遗迹	090
二	沿线文物	096
（一）	凤县凤州镇	096
	1 白石铺遗址（新石器时代）	096
	2 郭家湾遗址（新石器时代、西周）	096
	3 梁鹿坪遗址（新石器时代、西周）	097
	4 桑园遗址（新石器时代、西周）	097
	5 太山庙村遗址（新石器时代、西周）	098
	6 左家崖遗址（新石器时代、西周）	099
	7 五里坪遗址（西周）	099
	8 凤州村遗址（西周、汉）	100
	9 龙口遗址（西周、汉）	101
	10 州南遗址（西周、宋）	102
	11 老镢遗址（汉）	102
	12 七里坪遗址（汉）	102
	13 凤州城址（明、清）	103
	14 南坡堡址（清）	104
	15 仓坪碥道遗址（不详）	104
	16 凤州烽燧遗址（不详）	106
	17 郭家湾墓群（商、周）	106
	18 龙口墓群（西周、秦）	107
	19 西庄墓群（西周、汉）	107
	20 凤州墓群（西周、汉）	108
	21 桑园墓（战国）	108
	22 太山庙墓群（秦）	109
	23 梁鹿坪墓（汉）	109
	24 烟囱沟墓（清）	110
	25 豆积山塔（清）	110
	26 凤州续超灵塔（清）	111

27	凤州文庙（清）	111
28	栖凤桥（清）	112
29	凤州陈氏民宅（清）	112
30	凤州刘氏民宅（清）	114
31	凤州马氏民宅（清）	114
32	薛家民居（清）	115
33	果老洞石窟（唐、宋、明、清）	115
34	消灾寺石窟（明）	116
35	南天门摩崖题（清）	117
36	豆积山记事碑（1919年）	117
（二）	凤县双石铺镇	118
1	草店子遗址（新石器时代）	118
2	王家坪遗址（新石器时代）	118
3	新庄遗址（新石器时代）	119
4	张家窑遗址（新石器时代）	119
5	陈家湾遗址（新石器、西周、唐）	119
6	陈家湾东遗址（新石器、唐）	121
7	柏林遗址（宋）	121
8	龙家坪遗址（宋）	122
9	马场制瓷作坊遗址（清）	122
10	紫阳硐庙址（清）	123
11	付家碥墓（战国）	124
12	双石铺墓群（战国）	124
13	陈家湾墓（汉）	125
14	草店墓群（唐）	125
15	草店墓（唐）	126
16	龙家坪墓（唐）	126
17	新民街墓群（唐）	126
18	何家坪墓（清）	126
19	灵官峡崖墓群（清）	128
20	城隍庙（清）	128
21	青峰山宝德寺买地契约碑（清）	130
22	重修陵江寺碑（清）	130
23	祖师庙碑（清）	131
24	酒奠梁碑（1936年）	132

第三章 故道支道——连云栈道及沿线遗迹

  一　连云栈道道路遗迹·············136

 （一）　凤州至马莲滩·············136
 （二）　马莲滩至烟囱沟·············138
 （三）　烟囱沟至南天门·············140
 （四）　南天门至心红铺·············142
 （五）　心红铺至三岔镇·············146
 （六）　三岔至留凤关镇·············148
 （七）　留凤关镇至连云寺·············152
 （八）　连云寺至柴关岭·············154

  二　沿线文物·············156

 （一）　凤县三岔镇（现并于凤县留凤关镇）·············156
  1　三岔遗址（新石器时代）·············156
  2　桃花岭寺庙遗址（唐、宋）·············156
  3　三岔村驿站遗址（清）·············157
  4　三岔堡址（清）·············157
  5　董家坟碥道遗址（不详）·············158
  6　心红铺南碥道（不详）·············158
  7　心红铺西北碥道（不详）·············158
  8　心红铺碥道遗址（不详）·············158
  9　心红铺墓群（清）·············160
  10　三岔张公墓（清）·············160
  11　心红铺摩崖题刻（明、清）·············161

 （二）　凤县南星镇（现并于凤县留凤关镇）·············162
  1　留凤关遗址（秦、汉）·············162
  2　干沟门遗址（汉）·············166
  3　寺坪遗址（宋）·············166
  4　寺坪墓群（宋）·············167
  5　许良圻四人合葬墓（清·道光二十七年，1847年）·············168
  6　许世志夫妇墓（清·咸丰壬子年，1852年）·············168
  7　许绵纲墓（清·光绪元年，1875年）·············169
  8　吴永和真人墓（清·光绪甲申年，1884年）·············169
  9　连云寺村玉皇殿（清）·············170

10	连云寺村火神庙（清）	171
11	大德九年经幢（元·大德九年，1305年）	171
12	陈仓古道碑（清·乾隆四十九年，1784年）	172
13	废丘关义学碑（清·乾隆五十年，1785年）	172
14	"雾霭赤松"摩崖题记（清·道光壬寅年，1842年）	174
15	"紫柏神峰"摩崖题记（清·道光壬寅年，1842年）	174
16	陕军行德政碑（1921年）	176
17	柴关岭碑（1936年）	177

第四章 故道分支道——陈仓道及沿线遗迹

一 古道道路遗迹 ……180

（一）连云寺至黄土梁 ……180
（二）黄土梁至油房嘴 ……181
（三）油房嘴至田坝子 ……182
（四）田坝子至店子上 ……183
（五）店子上至庄房坝 ……184
（六）庄房坝至吊坝子 ……186

二 沿线文物 ……187

1 椿树坪栈道遗址（不详） ……187
2 大石崖栈道遗址（不详） ……188
3 庄房坝西北栈道遗址（不详） ……188
4 庄房坝栈道遗址（不详） ……188
5 塔坝和尚灵塔（元） ……192
6 塔坝僧人墓塔（元） ……192
7 田坝墓（清） ……193
8 吴家湾墓群（清） ……193
9 "陈仓古道"墓（清·嘉庆甲子年，1804年） ……194
10 陈月元墓（清·道光十年，1830年） ……196
11 任本琰墓（清·道光二十一年，1841年） ……196
12 庄房坝墓群（清·咸丰十一年，1861年） ……197
13 睡佛洞碑刻（清·嘉庆十五年，1810年） ……198

第五章 结语

第一节 故道之名由来 ······ 202

第二节 故道交通体系分级 ······ 203

　　一　干道 ······ 204
　　二　支道 ······ 204
　　三　分支道 ······ 205

第三节 故道建筑构造形式及特点 ······ 205

　　一　土石道 ······ 207
　　二　碥道 ······ 207
　　三　栈道 ······ 210
　　四　拱桥 ······ 213

第四节 故道开通年代推断 ······ 214

附录　"明修栈道、暗度陈仓"辨析

后记

概述

宝鸡古称陈仓，地处秦岭北麓的八百里秦川西部，区域地形复杂多样，山、川、原兼备。宝鸡南、西、北三面环山，以渭河为中轴向东拓展，呈现"六山一水三分田"格局，农业发达，人口稠密。南部秦岭的主峰太白山是陕西最高点，海拔3767米。秦岭以南属于长江水系，以北属于黄河水系（图一）。

宝鸡是华夏始祖炎帝故里，同时也是周秦王朝的发祥地。8000多年前关桃园遗址萌生了宝鸡的文明，7000多年前的北首岭遗址留下了仰韶文化的灿烂遗存。5000多年前的炎帝诞生于此，史载炎帝"长于姜水"[1]，后"教民耕农"[2]，"日中为市"[3]，开启了中华农耕文明和商业文明。公元前11世纪，古公亶父率族人迁徙到宝鸡岐山脚下的周原，《史记·周本纪》载："贬戎狄之俗，而营筑城郭室屋，而邑别居之。作五官有司。"[4]为西周王朝奠定了基础。前770年，秦因襄公攘夷、护送平王东迁之功，被封为诸侯，赐之岐以西之地，秦国从此建立。秦文公四年（前762年），在千渭之会始建陈仓城（今宝鸡市金台区戴家湾一带，即古陈仓城遗址），是宝鸡建城史的开端，其名沿用千余年。唐至德二年（757年），以陈仓山（今鸡峰山）的石鸡啼鸣，更名宝鸡（图二）。

古陈仓位于陕、甘、川、宁地区的区域性中心，为关中西部的交通要冲，贯穿秦岭南北的入蜀古道择河谷而行，修栈道以通途，纵横千里，促进我国西南、西北地区的经济、文化、军事等方面的交流。栈道这种人类交通史上特殊的道路工程形式，为后世研究中国古代交通史留下了宝贵的文化遗产。

横贯秦岭的栈道大部分修建于绝壁湍流之上，凿石插木，凌空飞架。在众多的关于秦岭的历史故事中，以"明修栈道，暗度陈仓"最为精彩，其中所说故事应该与故道（又称陈仓道、嘉陵道、陈仓故道、散关道等）有关。因此，无论从恢复历史交通地理布局的角度来看，还是从研究川陕交通史的角度看，搞清它的形式、使用、沿革和衰落等情况，都很有意义。穿越秦岭的故道，是独具地方特色的古代交通道路，全面了解宝鸡地区古道分布情况对研究我国古代关中地区西部的政治、经济、军事及交通方面具有重要的意义。

[1] 王国维：《水经注校·卷十八》，上海人民出版社，1984年，第590页。

[2] （汉）班固：《二十五史·汉书·卷二十一》，上海古籍出版社，1988年，第466页。

[3] 《周易·系辞下》，中华书局，2006年，第377页。

[4] （汉）司马迁：《二十五史·史记·周本纪》，上海古籍出版社，1988年，第17页。

故道　陈仓古道调查报告之二

图一
宝鸡市全景

概述

图二
鸡峰山顶铁鸡

第一章
绪论

　　故道，又称陈仓故道、嘉陵道、散关道，是秦蜀诸道（褒斜、傥骆、子午道）中延续时间最长的一条交通干道，始通时间应早于褒斜道。秦汉时期，褒斜道为官驿大道，故道亦通行无阻。全国统一时期，京都无论是设在长安、洛阳、开封或北京，它都是京师连接川、藏、云、贵各省、区的交通纽带。南北分裂割据时期，故道常常成为敌对双方争夺的主要目标，和散关的重要地位互为表里。唐宋以后，随着褒斜道的衰落，南下或北上皆经此道，成为传军国急报、达官司文书的官驿大道。

　　故道干道经宝鸡益门至凤县双石铺向西南沿故道河（即嘉陵江）河谷，经今两当、徽县至略阳接沮水抵达汉中（图三）。故道沿清姜河、嘉陵江河谷而行，沿途平夷，居民稠密，使用时间较褒斜道长。民国时期沿故道、连云栈道修通宝汉（宝鸡至汉中，下同）公路。中华人民共和国成立初期，沿故道修通了宝成（宝鸡至成都，下同）铁路。

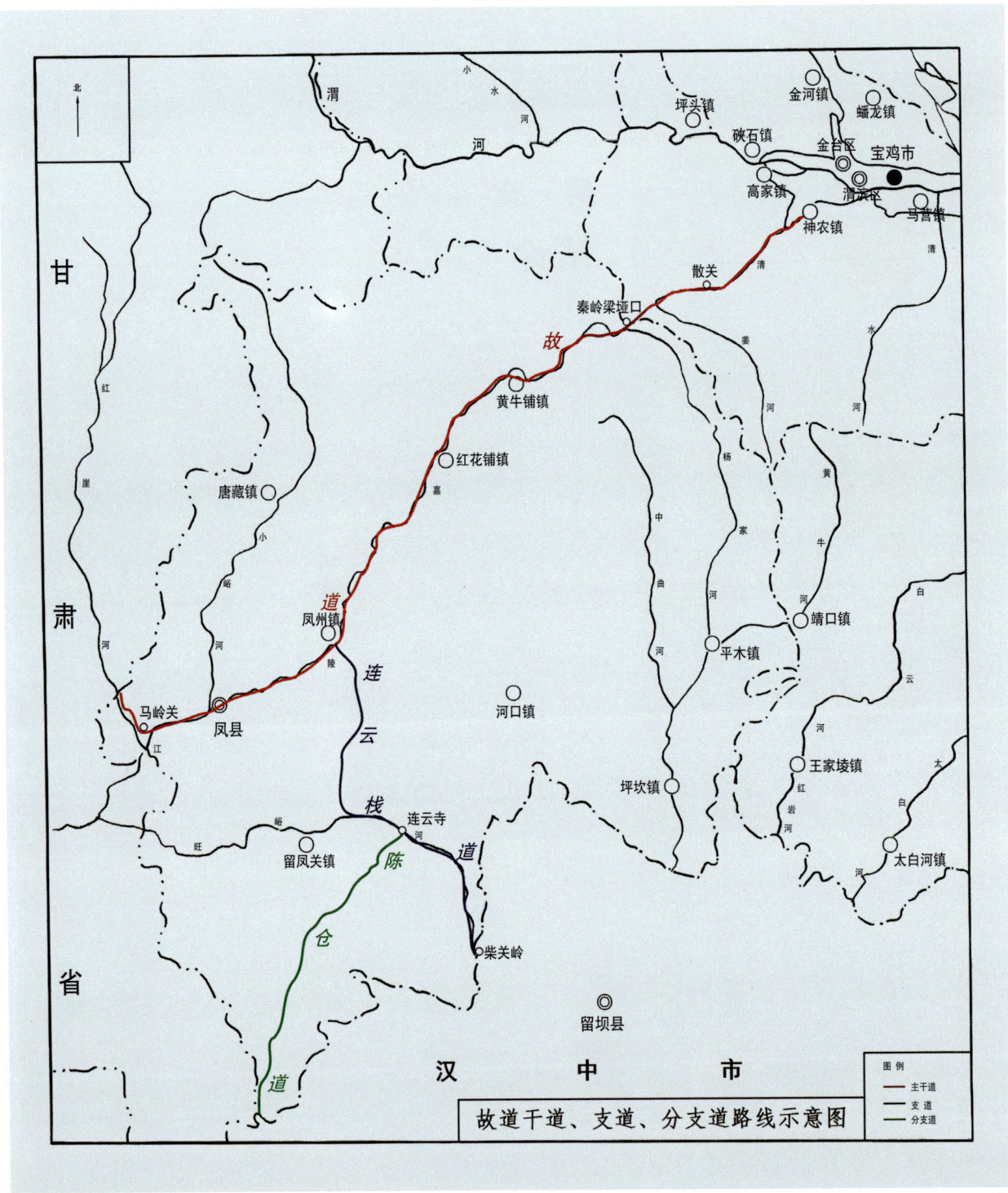

图三
故道干道、支道、分支道路线示意图

图四
川陕公路秦岭段

故道是中国古代横跨秦岭天险，由关中入汉中，开通时间最早、规模最大、持续时间最长的一条道路。故道绵延冗长、曲折蜿蜒，为了实地调查工作的顺利展开，以及便于后续的资料整理，我们根据故道沿线的行政区划、地形地貌、河流走向，将（宝鸡市）渭滨区、凤县境内的故道进行合理的分段，来展开各项工作，使其后续的文字叙述也能突出重点，条理清晰。根据现在的行政区划来看，在宝鸡地区，故道涉及渭滨区、凤县2个区县，包括神农镇、黄牛铺镇、红花铺镇、凤州镇、双石铺镇、留凤关镇6个乡镇。鉴于故道路程较褒斜道长，且在凤县境内较长，不能简单以行政区划划分。因此我们根据故道沿线上的地理分界线来划分，共4段，分别是：益门至秦岭梁垭口、黄牛铺至凤州段、凤州至双石铺段、凤州至留凤关段。

故道是宝鸡地区一条重要的古代交通要道。其纵贯秦岭山脉，包夹于群山之间，沿线穿越秦岭腹地，衔接姜水（清姜河）、故道河（嘉陵江），沟通长江、黄河两大水系，所经地形复杂，却能避险趋利，充分利用沿途各种有利的自然条件。虽然延绵约400千米，却能一路通途，延续千年，至今仍为入川公路所沿用，实为交通建设史上的奇迹（图四）。

第一节

地理环境

秦岭作为一条横贯我国中部最重要的山脉，绵延约1600千米。其西起甘肃南部，经陕西南部延伸至湖北、河南西部，为黄河支流渭河与长江支流嘉陵江、汉水的分水岭。它是中国地理上最重要的南北分界线，亦被尊为华夏文明的龙脉。故道贯穿我国地理南北分界线秦岭山脉，南北衔接四川、甘肃、陕西三省，跨越黄河、长江两大流域，联通关中平原、汉中平原两大传统农业发达地区，其所经沿线的地理环境自然复杂多样（图五）。

故道干道主要沿清姜河、嘉陵江两岸通行，由于处在秦岭山脉包夹之中，其支流众多，古人择路多沿河而行。因此，搞清故道沿线的水系是十分必要的。

一、清 姜 河

清姜河（古时称姜水，俗名清姜河）发源于宝鸡境内秦岭北麓，是渭河的一级支流，长约43千米，流域面积234.4平方千米。在省道212秦岭梁顶部，河水自然分两路：一路向南流去，即嘉陵江；一路向北流入渭河，

图五
秦岭梁垭口

图六
清姜河上游

[1]（战国）左丘明：《国语·晋语》，中华书局，2007年，第217页。
[2]（汉）许慎《说文解字·卷十二下》，中华书局，1985年，第411页。

即清姜河。华夏始祖炎帝即诞生于清姜河畔，并率领其部族发展壮大，《国语·晋语》载："昔少典娶于有蟜氏，生黄帝、炎帝。黄帝以姬水成，炎帝以姜水成。"[1]根据《大明一统志》《凤翔府志》《宝鸡县志》等志书所载"姜水"就是"清姜河"，"姜氏城"指的就是今天的"姜城堡"。因此"神农居姜水，以为姓"[2]。仅仅43千米的清姜河两岸分布有丰富的古人类文化遗存。古时贯通川、陕、甘三省，连接关中、汉中地区的"故道"，亦是沿清姜河河谷而行（图六）。

二、嘉陵江及其支流

凤县属长江流域，有1千米以上河溪714条，总长2394.4千米，密度0.75千米/平方千米。各河溪以嘉陵江、中曲河为干流，形成两个树枝状水系网。汉江水系有夫子岭东中曲河、紫柏山南杨家河，流域面积696平方千米，年径流量3.3695亿立方米。其余各河溪汇入嘉陵江，流域面积2490.21平方千米，年径流量8.25亿立方米。地下水年天然补给量1.9亿立方米，主要分布河谷两侧及断陷盆地内。据清光绪《凤县志》载："境内跬步皆山，纪不胜纪。"凤县境内主要山脉呈东西走向，地势东北高，西南低，嘉陵江自东北向西南穿境而过。沿江分布有小型断陷盆地与宽谷坝子，为农业集中区。其余山地大部为林草覆盖。

嘉陵江古称故道河、东河，又称县河，发源于代王山。循东峪沟由东南流向西北，至东河桥老街附近转向西南。流经黄牛铺、龙口、凤州、双石铺等乡镇的23个村，入甘肃两当县境，经略阳宁强入四川，于重庆朝

图七
嘉陵江流域上游

天门处汇入长江。嘉陵江在凤县境内长72千米，有一级支流52条，二级支流69条，三级支流19条，年自产径流5.81亿立方米，入境客水2.44亿立方米，平均流量18.28秒立方米。河道属山区峡谷型束放式河流，呈宽谷峡谷相间的串珠状。河床比降6.6‰，沉积物分选性差。由于新构造运动的影响，谷坡陡峻，曲流深切，河床与谷顶相对高度在200～400米。沿河无连续性阶地，宽谷内有草凉驿、龙口、凤州、双石铺等面积较大的曲流阶地，为沿江重要的经济区（图七）。

安河系嘉陵江一级支流，源于夫子岭。东西流向，经安河寺、河口、国安寺，于凤州东汇入嘉陵江。流长45.1千米，流域面积406.8平方千米，有鹿母寺、青崖沟、土桥河等支流22条。年平均径流量1.42亿立方米，流量4.5秒立方米。河床与谷顶相对高差200～700米，河床比降13.7‰。南北两侧受断层影响，支流较多，呈南北向发育，沟多为松散体汇集区，为泥石流多发区。沿河的河口、红光盆地为重要农耕区。

小峪河系嘉陵江一级支流，源于县东北山林。北南流向，干流长54千米，流域面积438平方千米。有草滩沟、红河、庙儿沟等支流15条，年平均径流量1.82亿立方米。河床平均比降12‰，水力资源丰富，理论蕴藏量1.99万千瓦。河道呈串珠状，以峡谷为主，唐藏及下游段，一、二级阶地发育，地势开阔，人口集中，是工农业经济区。

旺峪河干流东沟河，源于三岔西南部磨库岭，经三官殿、三岔、留凤关与野羊河汇合后称旺峪河，流经酒奠沟、温江寺、谷家庄入甘肃两当县单河铺，汇入嘉陵江。全长52.5千米，流域面积664.1平方千米。有野羊河、瓦房坝河、麻峪河等支流15条，年平均径流量1.82亿立方米。流域内植被条件较好，峡谷与宽谷相间，以峡谷为主，三岔、南星、留凤关盆地为县南主要农耕区。

中曲河古称车道河，是汉江水系褒河重要支流，发源于岩湾北部秦岭沟。北南流向，经岩湾、坪坎至倒贴金出境。流长35千米，流域面积634.1平方千米。有支流42条，以黄牛河最大，于平木同杨家河汇合后至朱家坪南汇入中曲河。中曲河穿行于千谷万壑中，河谷深切，水流湍急，水力资源丰富，理论蕴藏量1.7万千瓦，可开发量4285千瓦。年平均流量5.76秒立方米，径流总量2.045亿立方米。沿河平木盆地阶地发育，是农业生产基地之一。

长坪河又名杨家河，系黑河支流，发源于紫柏山南麓熊家梁冷家湾。流经长坪、庄房坝至龙王庙出境，长21千米。较大支流有观音沟、安沟、石方沟、小沟，汇水面积62平方千米，平均流量0.57秒立方米。沿途山高林深，谷窄坡陡，人烟稀少，山间平坝宽不过数丈（图八）。

图八
长坪河流域峡谷

第二节

历史沿革

故道沿线的清姜河流域、嘉陵江流域的河谷川道均发现有新石器时代仰韶文化晚期人类活动形成的聚落遗址，可见故道所经区域开发时间最早可以推测到新石器时代。古代先民沿清姜河、嘉陵江两岸居住，为了方便渔猎和文化交流活动，他们顺河流迁徙，至今在渭滨区的神农镇，凤县黄牛铺镇、红花铺镇、凤州镇、双石铺镇均留下了他们的文化遗迹。而人类早期进行的文化交流活动，互相发展、互相促进，通过姜水（清姜河）、故道河（嘉陵江凤县段），寻河觅道，使长江流域和黄河流域的经济文化交流成为可能。

通过对故道、褒斜道的实地调查，我们发现就宝鸡地区而言，唯故道易于通行，而其他古道如子午道、傥骆道等均须翻越海拔两三千米的秦岭，道路艰险难行，在生产力较为低下的古代是难以实现的。只有故道不翻一山，由清姜河谷地，经秦岭梁垭口（海拔1500米），就很方便地进入嘉陵江河谷川道，虽然要绕道甘肃，但通行条件极为便利，能够较为轻松穿越秦岭，特别是嘉陵江沿途自然条件更加优越，不仅适于定居，也适宜于古人迁徙。

一、道路名称与线路变化

故道因故道河和故道县而得名。古代嘉陵江的上源东支流——故道河出大散关之南，即今天的嘉陵江上源及凤县段，秦又设故道县，此道经过故道县并沿故道河而行，因而名"故道"，又称"嘉陵道"。

故道中的大散关位于秦岭北侧今宝鸡市西南大散岭上，扼控南北交通要冲，为关中四塞之一。《读史方舆纪要》载："关中山川之会，扼南北之交。北不得此，无以启梁益；南不得此，无以图关中。"[1]通过散关达于汉中、巴蜀的故道，亦是古代秦蜀间早期开辟的交通干道。因此，故道又称散关道。

故道北端出入山口处为秦汉时期的陈仓县（今宝鸡市东）。另外，由陈仓入蜀地必经大散关，所以古陈仓与大散关因故道衔接为一条路线。于是，又连称其为"陈仓道"或"陈仓古道"。

唐中叶以后，将褒斜道北段路线移于大散关、凤州、武关驿方向，称"散关褒斜道"。元、明、清时期，又将凤州向南经凤岭至武关驿这一段

[1] 雷小虎：《军事地理视野下的散关》，《泰山学院学报》2014年2期，第100页。

独立出来，称之为"连云栈道"。

因此故道凤州（今凤县凤州镇）以南的走向，不同历史时期有不同的路线。

先秦时期，秦蜀人民的交往，主要是利用褒斜谷道这一捷径。但也可溯故道河（即嘉陵江凤县段）谷而上，越秦岭至关中。秦末汉初，故道已经成为人们惯行的路线。

前206年，汉王刘邦"北伐三秦"，由于褒斜道被张良烧绝，汉军便由故道北入关中。《汉书·高帝纪》："（汉元年）五月，汉王引兵从故道出袭雍。"[1]《史记·曹相国世家》："平阳侯曹参……从还定三秦，初攻下辩、故道、雍、斄（邰）。"[2]下辩，在今甘肃省成县西北；故道县，在今甘肃省两当县与陕西省凤县之间；雍县治所在今陕西省凤翔县西南；斄同"邰"在今陕西武功县西南。

东汉灵帝建宁五年（172年），武都太守李翕，在今略阳县西北的嘉陵江岸修"栈阁栈道"，使故道更为通畅。

东汉献帝建安二十年（215年）三月，曹操亲率大军，由故道去汉中征伐张鲁。当年四月，军至河池（今甘肃徽县西北），七月，军至阳平关（今勉县老城）。说明东汉末年，故道仍为交通大道。

三国时期，诸葛亮屯兵汉中沔阳（今勉县）准备伐魏。蜀汉建兴四年（226年），诸葛亮率军由故道北上，围攻陈仓。

南北朝时，南朝萧梁发生了"侯景之乱"，西魏先出兵汉中，后发兵征蜀，两次均由故道而行。

唐代中前期，长安、汉中间的驿路应为故道。《通典·汉中郡》载："去西京（长安），取骆谷路六百五十二里；斜谷路九百三十三里；驿路一千二百二十三里。"[3]同书又记顺政郡（今略阳）"东南到汉中郡南郑县二百八十七里，……去西京九百三十五里"[4]。以上两段分别记载的"驿路"里程基本相同，均为一千二百二十里左右，由此推之。《通典》所记的"驿路"即故道。

唐文宗开成四年（839年）以后，长安、汉中府间的驿路，改行散关、凤州、武关驿、褒城一线。

开成四年（839年），唐朝政府鉴于褒斜道屡修屡毁，乃令山南西道节度使归融在凤州、褒城间另开新路。据刘禹锡撰写的《山南西道新修驿路记》所记，此次修路北起散关，南至剑阁，长一千一百里。散关褒城间由牙门将贾黯负责，共设15个馆驿。由褒城经利州（今四川广元市）至剑门段，由同节度副使石文颖负责，共设17个馆驿。

唐宣宗大中三年（849年），兴元节度使郑涯、凤翔节度使李玭奏修"文川道"，欲将长安、汉中府间的驿路改行此道。但文川道修成不到一年即被夏潦冲毁，郑涯受免职处分。大中四年（850年），朝廷令兴元节度使封敖及凤翔节度使李玭，火速修治"斜谷旧路"及沿途馆驿。当年六

[1] （汉）班固：《二十五史·汉书·高帝纪》，上海古籍出版社，1988年，第371页。

[2] （汉）司马迁：《二十五史·史记·曹相国世家》，上海古籍出版社，1988年，第235页。

[3] （唐）杜佑：《通典·卷一百七十五·州郡五》，中华书局，1984年，第927页。

[4] （唐）杜佑：《通典·卷一百七十五·州郡五》，中华书局，1984年，第927页。

月动工，七月二十日毕工，八月十五日交付使用。驿路又恢复到故道。

唐僖宗光启二年（886年），因邠宁兵变，僖宗逃至兴元府，命王建成三泉（今宁强县境），晋晖成黑水（今褒城），"修栈道以通往来"。此次所修的栈道，仍为散关、凤州、褒城道，时称"褒斜道"。

五代后唐明宗天成三年（928年），又修治散关、凤州、褒城间的阁道2800余间，仍称"斜谷阁道"。

北宋初年，京兆府长安至成都府间的驿路改由故道。但兴州（今略阳）至金牛镇（今宁强县北境）间的一段道路，宋太宗太平兴国五年（980年）改由飞仙岭沿陈平水（今大林河）南下，不绕行西县（今勉县），这是与唐代不同之处。

元代又沿袭唐代的散关、凤州、褒城、沔州路线，至成都府。元将李思齐在宝鸡县渭水南侧修筑"益门城"。"益"指益州成都，"益门"指为进入四川省的大门。明代文学家何景明《益门》诗云："益门通汉沔，栈阁上云霄。蜀道从兹始，秦川望已遥。"

明清时期沿用元代的入蜀驿路，称"连云栈道"。《续修陕西通志稿》卷一百六十七载：兹考汉中府志云，按栈道由宝鸡至褒城为连云栈，即北栈也。由沔县进。历宁羌、广元、昭化、剑州为南栈。

二、改栈阁为碥路

故道是一条多栈阁的道路，随着科学技术的进步，人们逐渐掌握了依山势"回山取途"修筑碥路的技能，遂以碥路取代栈阁。碥路亦称偏路，就是在水流湍急或崖岸险峻地段，开挖山石而修筑的一面靠崖，一面临河沟的路段。它顺着山坡，随地势高下，屈曲环绕，多位于山腰间。碥路以土石为路基，比栈道牢固，承载能力大，它离河床较远，夏秋季节不易被洪水冲毁。虽然其路线回曲，不如栈道平夷近捷；随坡上下，不如栈道平直，车行困难增多；阴雨季节，碥路泥泞难行，栈道却无泥泞之害。但总而言之，碥路优于栈道。

栈道改碥路始于唐宋，盛于明清。唐僖宗光启二年（886年）由凤翔南奔兴元府时，散关北侧尚有栈阁。而到元代，益门镇至散关间三十余里路段，已变为碥路。大散关南侧有村庄名"长桥"，因古代在这里建有比较长的桥阁而得名。至今在长桥村东侧的山坡和宝成（宝鸡成都，后同）铁路50号隧道通过的地方，还有栈道壁孔遗迹。明代编写的《读史方舆纪要》载："陕西栈道长四百二十里。自凤县北草凉楼驿，为入栈道之始。"[1]则明代草凉楼以北的谷道上，已经没有栈道了。

栈阁数目逐渐减少，表明碥路在不断增加。至清代，"连云栈"之名虽存，但实际上散关道已经没有木栈了。

栈道改为碥路后，路基坚实，承载和通行能力大为提高。明代王士

---

[1] 时志明、王金星：《鸟怜杜宇皆思蜀，山爱峨嵋不向秦——张问陶的山水诗述论》，《张问陶研究文集》，团结出版社，2015年，第108页。

性《广志绎》记："自古称栈道险,今殊不然。屡年修砌,可并行二轿四马"[1],"栈道虽称川(四川),今实在陕(陕西)……今之栈道非昔矣,联舆并马,足当通衢"[2]。

清康熙三年(1664年)、二十八年(1689年)与乾隆三十年(1765年)都大兴功作,改栈道为碥路。

因此,故道沿线的栈道遗存相当匮乏,以碥路为主要,只有在一些特殊路段限于地形,非凿孔起栈不能通过时,则改木梁为石梁,修成栈桥,力求牢固耐用。自清朝初年,"特开路于诸岭上。由是陟降而行,无复昔日之沿山架木,而栈道遂废"[3]。

修碥路与修栈道的施工项目和所需建筑材料大不相同。明朝遗老党崇雅(宝鸡人)为记述清康熙三年(1664年)陕西巡抚贾汉复,在宝鸡西南六十里煎茶坪至褒城县鸡头关间另开新路,改栈道为碥路,撰写有《大司马修栈记》碑文,碑文所记的工程项目已不是修栈阁而是修险碥、险石路等,记述所修道路的长度不是"间"而是"丈",建筑材料也不以木材为主了。

清代的碥路,在凤县凤岭、三岔至留凤关一段古道上尚留有遗迹,是用鹅卵石铺砌而成,宽约2米。

---

[1] 王士性:《广志绎》,中华书局,1981年,第50页。

[2] 王士性:《广志绎》,中华书局,1981年,第111页。

[3] 马强:《历史时期蜀道地带森林的分布与变迁》,《天水师院学报》2000年2期,第45页。

第二章
故道干道及沿线遗迹

　　为了便于叙述，我们将北起渭滨区益门镇、南至凤县与两当县（属甘肃陇南）交界的故道宝鸡段划分为三段。自北向南，依次分别为益门至秦岭梁垭口、秦岭梁垭口至凤州村、凤州村至马岭关。各段之间，有醒目的地形地貌特征或天然河流为界。

　　从地形地貌及其自然环境的角度来说，益门至秦岭梁垭口为清姜河流域，这里河谷呈"V"字形，曲折狭长，河水落差较大，沿途村庄较为分散，多聚居于河谷间小的台地之上，特别是观音堂车站至秦岭梁垭口间，坡度较大，道路呈"之"字形，蜿蜒盘旋，通行较为不便。进入凤县后，嘉陵江两岸、黄牛铺至凤州段、凤州至马岭关段河谷川道宽阔平坦，土层深厚，较为肥沃，是凤县主要的农业耕作区域。这些地段村落分布较为密集，道路多沿河串村而行，交通便利，川陕（四川至陕西，后同）公路及宝成铁路均取故道基础拓宽改建而成。

　　因地理环境不同，主要道路结构也有一定差异。益门至秦岭梁垭口段是本次考古调查的重点，主要是清姜河峡谷内的道路，包括民国时期的宝汉（宝鸡至汉中，后同）公路、修筑的川陕公路、宝成铁路等对狭长川道内的故道遗迹影响较大，我们寄希望于通过对沿途实地调查、走访群众以及对村落分布走向进行研究，以便得出故道较为准确的路线走向（图九、图一〇）。

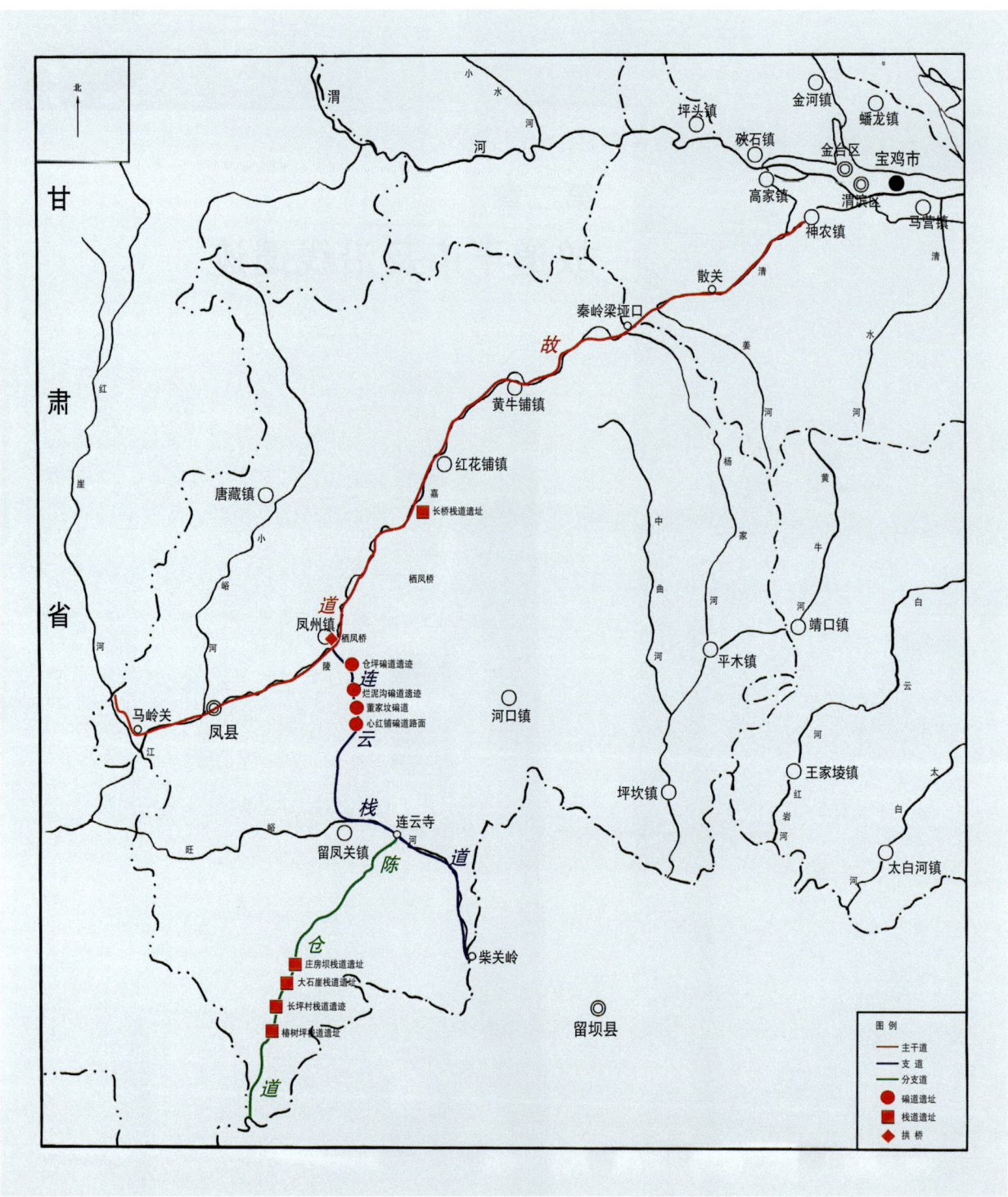

图九
故道干道、支道、分支道道路遗迹示意图

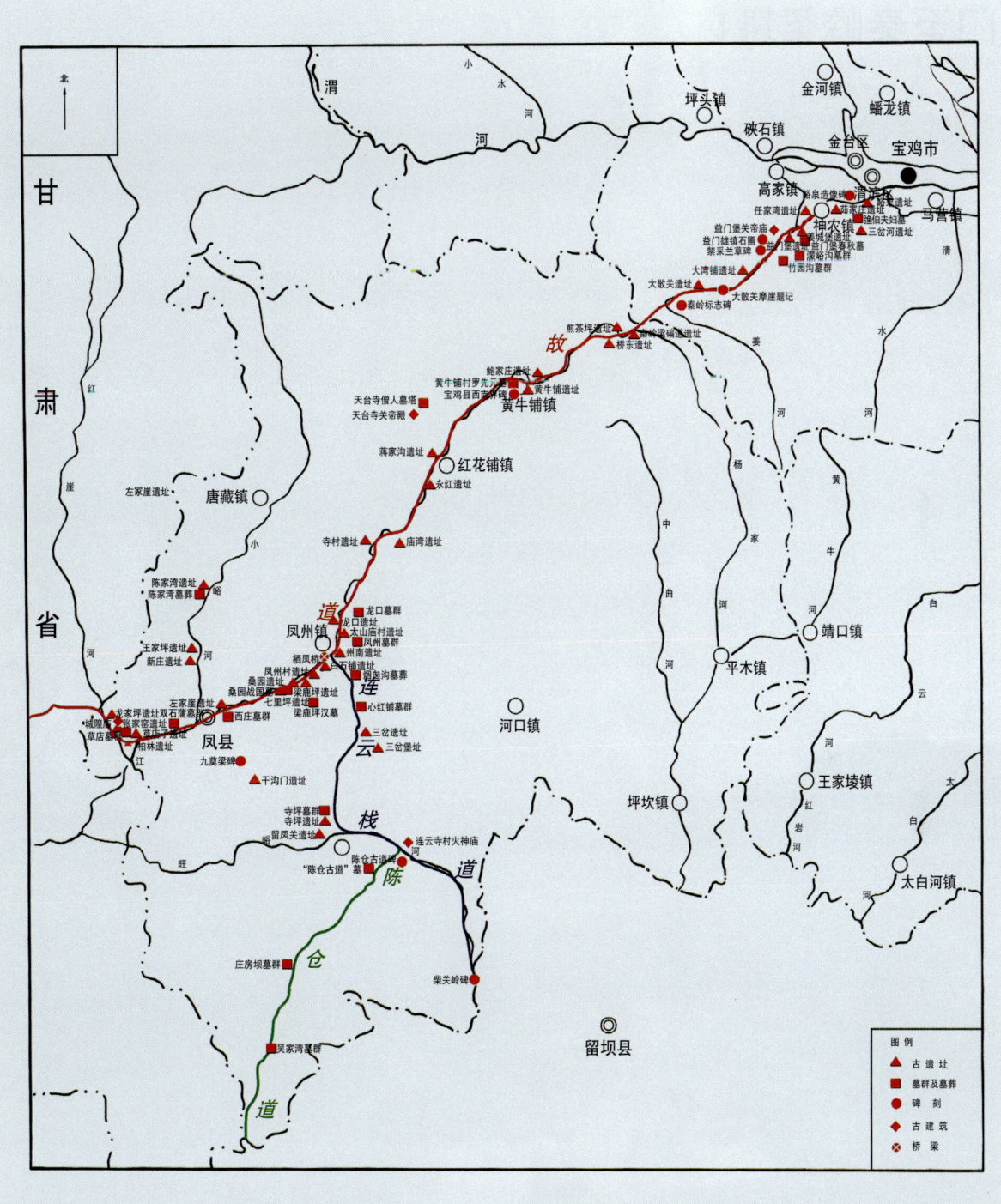

图一〇
故道干道、支道、分支道沿线文物遗迹示意图

第一节

益门至秦岭梁垭口

由渭滨区益门村二组至凤县秦岭梁垭口，此段道路全长约19千米，行政区划皆属渭滨区神农镇。神农镇位于渭滨区西南部，秦岭北麓，渭河南岸，清姜河自西南向东北纵贯全境。其南部高山峻岭，层峦叠嶂，森林荫蔽；川道狭长，气候温暖，四季分明，水量充沛，自然条件优越。清姜河两岸企业工厂林立，经济发达，人口密集，属城郊型乡镇。东距渭滨区政府约5千米，镇政府驻陈家村，素有宝鸡市"南大门"之称。神农镇地理位置优越，境内川陕公路、310国道、宝成铁路以及市区清姜路、火炬路、峪泉路纵横交织，交通便利。神农镇资源丰富、人杰地灵，华夏始祖炎帝就诞生、生活在这里。茹家庄強国墓地出土的青铜器造型夸张，独具特色。古大散关、和尚塬古战场、古栈道遗迹更是闻名遐迩（图一一）。

图一一
清姜河流域益门段

一、古道道路遗迹

（一）益门至沙铺

起点：益门，N：34°19′38.7″，E：107°05′46.8″，海拔646米；终点：沙铺，N：34°19′38.7″，E：107°03′56.7″，海拔723米，全程大约5.2千米，行政区划属于宝鸡市渭滨区神农镇。

故道自益门古镇为起点（图一二），向南沿清姜河西岸前行约1.7千米，河道突然狭窄，流向急转90度，由南向西，水流急促，当地人称栈道林湾（图一三），据当地叶姓老人回忆，民国初年，此处河西岸岩壁之上栈道密集，1955年修建宝成铁路亦取道此处，其上浇筑水泥，砌石加高，现为宝成铁路"太平隧道"，本次调查时，仍发现一处疑似栈孔遗迹。

清姜河属山溪型河流，流程短而急，每逢雨季，河水暴涨，交通即受阻碍，旅客往往冒险渡河，常遭不测。从清光绪年间至民国初年，曾多次修造桥梁于清姜河上，皆因设计建造不合理，均毁于洪水。直至1932年8月重新设计修建石桥一座，才使两岸居民得以放心通行，至今虽然屡经洪水冲击，却能傲然屹立于清姜河激流之上。益门石拱桥为民国年间宝鸡地区最大的一座跨径单孔石桥，在陕西省建桥史上是一项创举（图一四）。

栈道林湾河道南侧为桑园铺村，据宝鸡县志记载，桑园铺村又名三家铺，南宋初，当地是桑园，又为通蜀驿道之铺递（驿站），故名。由于年代久远现已不可考，继续沿河西岸南行约1.7千米处，到达大湾铺，大湾铺村西有一条东西向山沟，名为水沟，由此沟而上，向北而行经刘家槽村可直达西山上的益门古镇。益门附近河谷宽阔平坦，宽约650米，至栈道林湾宽不足45米，大湾铺宽约450米，再加上清姜河水，每到汛期，河水暴涨，由于栈道林湾处，河道过于狭窄，且河湾90度，造成排水不利，栈道林湾经常淹没，行人商贾无法通行，只能从大湾铺西水沟而上亦可到达益门古镇。

图一二
益门古镇全景
图一三
栈道林湾远景

图一四
益门镇石拱桥

第二章 故道干道及沿线遗迹

大湾铺村是益门镇向南第一个大的铺递，至今保存有清末民国时期的民宅建筑，由大湾铺继续向南沿河岸西行约1.5千米，为胡家湾村，此段路仍然可见民国时期修建的宝汉公路遗迹（图一五、图一六），虽然大部分路段埋没于荒草之中，通行困难，但其遗迹较为明显，其路面宽约1.5米，上铺碎石，路西侧为宝成铁路，顺着此段旧路向前行进，大约1.2千米后，到达胡家湾村，旧路与村内通村水泥路相连，山村西南有一水泥桥（图一七），架设于清姜河上，根据桥墩水泥板上镌刻的修桥碑记可知，该桥始建于1946年，年久失修，长期受洪水冲刷，致桥墩悬空，破败不堪，2011年渭滨区慈善协会捐资重修，以方便村民出行。由村西南经一处村民废弃土坯民房，继续顺旧路南行，大约900米，到达沙铺村，故道旧路与现在的川陕公路衔接，此段旧路荒废多年，灌木丛生，通行艰难。

（二）沙铺至大散关

起点：沙铺，N：34°17′42.0″，E：107°03′56.4″，海拔724米；
终点：大散关，N：34°16′20.6″，E：107°00′29.4″，海拔922米，全程

图一五
胡家湾村民国时期的宝汉公路遗迹

图一六 大湾铺村
图一七 胡家湾村旧桥
图一八 沙铺村旧路与川陕公路交汇处
图一九 杨家湾村

大约6千米，行政区划属于宝鸡市渭滨区神农镇。

沙铺村，属杨家湾行政村管辖，位于清姜河西岸，河谷宽约150米，川陕公路穿村西而过，宝成铁路修筑于村西约55米的山根（图一八）。出沙铺村西南，约1.7千米，行至杨家湾村（图一九），河谷愈宽，宽约240米，村民集中而居，分布于川陕路两侧，地势较平坦，旧时遗迹难觅，宝成铁路筑台于村西侧。南行约450米，经蟒挡山，穿隧道取直而过。由杨家湾村，向西南方向前行2千米，到达偏桥。偏桥亦归属杨家湾村，尚有村民7户，现大部为外来人员，经营农家乐。在偏桥村西南，清姜河转向西，流向成东西向，在川陕公路西侧尚残存一段民国时期的宝汉公路，旧公路路基高于现在的川陕公路，残宽2米，砂石面，两侧灌木密集丛生，已不能通行。旧路向西约60米的半山根，为宝成铁路。出偏桥村向西约1.1千米，便是二里关村（图二〇）。根据《宝鸡市渭滨区志》记载："二里关村，居高岭上长亘二里因名。金置，与宋军对垒……蒙古中统初（1260年），鼎从伐蜀攻二里散关。明嘉靖年间（1522～1566年）置益门二里散关巡检司，清设分防千总。"走访当地村民得知，二里关因西据大散关约二里路程而得名，村西北岸有一南北向高约40米的台地，推测为古时二里关，据此固守可与其西约660米的大散关对峙。

西出二里关村约1.3千米，便至大散关下，南北两岸峰峦叠嶂，行至关前，北岸山峰突兀向南形成一"凹"字形山梁，犹如一道天然石墙横亘于清姜河上，与南岸近乎垂直的崖壁，遥相呼应，强烈挤压清姜河道，使本来宽约120米的河谷，突然向南岸紧收，变得狭窄，形成宽度不足20米的狭长天堑（图二一、图二二）。闻名天下大散关便修筑于此南北向梁顶之上，此道山梁高约50米，梁顶宽约60米，其南北高，中部低，顶部较为平坦，现存仿古建筑关城一处，坐西面东，在其东门仍可见一段较为明显的故道遗迹，为砂石路面，宽约1.5米（图二三）。西门外塑有吴璘、吴玠抗金名将之像，并有吴公祠，南侧山梁顶建有烽火台。

大散关，亦称散关，是关中四关之一，形势异常险要，为"秦蜀之喉"，既是终南山西端尽头，又是陇首东起的开端，清姜河萦绕其间。清人顾祖禹对散关的战略地位给予高度评价："关当山川之会，扼南北之交。北不得此，无以启梁、益；南不得此，无以图关中。盖自禹迹以来，散关恒为孔道矣。"[1]其高峻雄险，有诗为证："过往长途日色稀，雪花如掌扑行衣。岭头却望人来处，特地身疑如鸟飞。"[2]昔日的大散关是"重门临巨壑，连栋起崇隈"[3]的雄伟关隘，横锁陈仓古道，形势险要，是进可以攻、退可以守的兵家必争之地（图二四、图二五）。宋时，金兵南下，侵犯川、陕，宋将吴璘、吴玠兄弟聚兵扼险于此固守，多次打败金兵的进攻。特别是南宋绍兴元年（1131年），吴氏兄弟在此与金兵激战，大败金兵，金兀术仅以身免。后人为了纪念吴氏兄弟，在关西修了"吴公祠"。

现在的大散关，关城等遗址尚存。川陕公路在民国宝汉公路的基础上沿河北岸凿崖壁而过，1937年10月，修建宝汉公路时，我国著名公路工程专家赵祖康镌曾刻碑石于此处崖壁上，上书"古大散关"四字（图二六）。1949年7月10日，彭德怀司令员率领第一野战军与胡宗南部，激战于散关之上，经四昼夜浴血奋战，一野指战员成功击退散关守敌，除部

[1]安介生：《略论先秦至唐代关塞格局构建的时空进程》，《历史地理（第二十二辑）》，上海人民出版社，2007年，第152页。

[2]（清）彭定求：《全唐诗·卷六百五十四·大散岭》，中华书局，1980年，第7523页。

[3]（清）彭定求：《全唐诗·卷五十六·散关晨度》，中华书局，1980年，第674页。

图二〇
二里关村
图二一
大散关远景
图二二
大散关近景
图二三
大散关北故道遗迹

22

23

24

25

26

图二四
大散关北眺

图二五
大散关南眺

图二六
赵祖康"古大散关"题刻

分残敌经宝汉公路退守至汉中，其余全部歼灭。如今大散关上还存留有当时胡宗南部修筑的战壕等防御设施，当地百姓时常能捡到战时遗留的弹夹、弹壳等（图二七）。1955年宝成铁路从关城下穿隧道而过，贯通川陕两地，如今散关天堑已变为大道通途（图二八）。

（三）大散关至秦岭梁垭口

起点：大散关，N：34°16′20.6″，E：107°00′29.4″，海拔922米；终点：秦岭梁顶，N：34°14′49.0″，E：106°56′09.3″，海拔1534米，全程大约7千米，行政区划属于宝鸡市渭滨区神农镇。

西出大散关，继续西行约1千米，至麻柳树滩村，村庄规模小，川陕公路穿村而过，宝成铁路在村东穿隧道架桥梁转向清姜河南岸，呈"∞"形，向西直通观音山火车站（图二九）。由麻柳树滩西行约1.7千米，便是观音堂村，村东川陕公路北侧尚存观音堂古庙，其建筑年代无考。据《宝鸡县志》载，隋以后就有观音堂。明嘉靖四十年（1561年）有重修和增建记载。清乾隆五十三年（1788年），江南松江府娄县、兴安府安康县及陕西郃阳县、宝鸡县陈仓驿等地会首，募集资金重修。之后，因年久失修，庙宇多已被毁，仅存大殿5间及1小间台殿。中华人民共和国成立后，先后为学校、公安派出所、供销社利用。1984年10月国家出资维修，次年5月竣工（图三〇）。另据《宝鸡县志》载，庙后有一泉，泉水清澈甘洌，称为吾泉。据庙内主事介绍，早在清末以前，入川古道就从庙前而过，时为故道驿站，道路南北两侧商埠林立，商贸繁荣，民国时期修筑宝汉公路均沿古道拓宽而建，中华人民共和国成立后川陕公路亦从庙前而过。村南约150米处的观音山半山腰台地上，修建有观音山车站，为四等客运站，旅客发送量每年为1000万人。列车行进出没于"∞"字形隧道群，经12个隧道，拔高约600米，在火车行进途中，可先后3次俯视观音堂古庙，当地人称"三眺"观音堂。因此，在观音山车站亦可以看到三层铁路重叠的壮观场面，成为旅游者观赏景点之一。

由观音堂村西行约1.4千米，到达清姜河与其支流神沙河的交汇处，神沙河在此地流向由南向北汇入清姜河（图三一）。其北侧河岸半山腰台地上修筑有青石崖火车站，此处坡度渐陡，川陕公路顺北山根，采取"之"字形设计降低坡度，沿河谷向偏西南方向而上约2.2千米，到达公路北侧的云盖寺。据《宝鸡县志》载，云盖寺，在观音堂西十余里处。民国时期，寺已倾圮，由于修筑宝汉公路，已毁，唯留一钟，传为唐代铸制，不知所踪，现已不可考（图三二）。由云盖寺蜿蜒曲折而上，继续向西南方向约1.3千米，便至秦岭梁顶垭口（图三三）。秦岭梁垭口现为渭滨区与凤县交界处，其东侧为东峪口，直通嘉陵江源头。

自观音堂至秦岭顶，直线距离不过4千米，而高差达580余米，天然坡

27

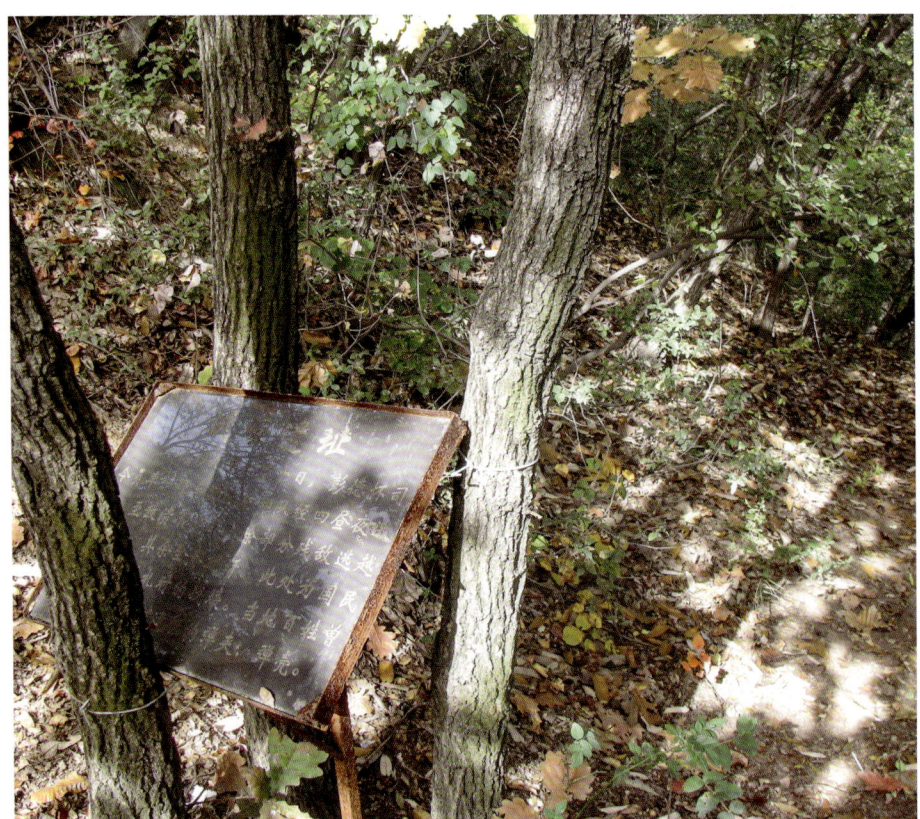

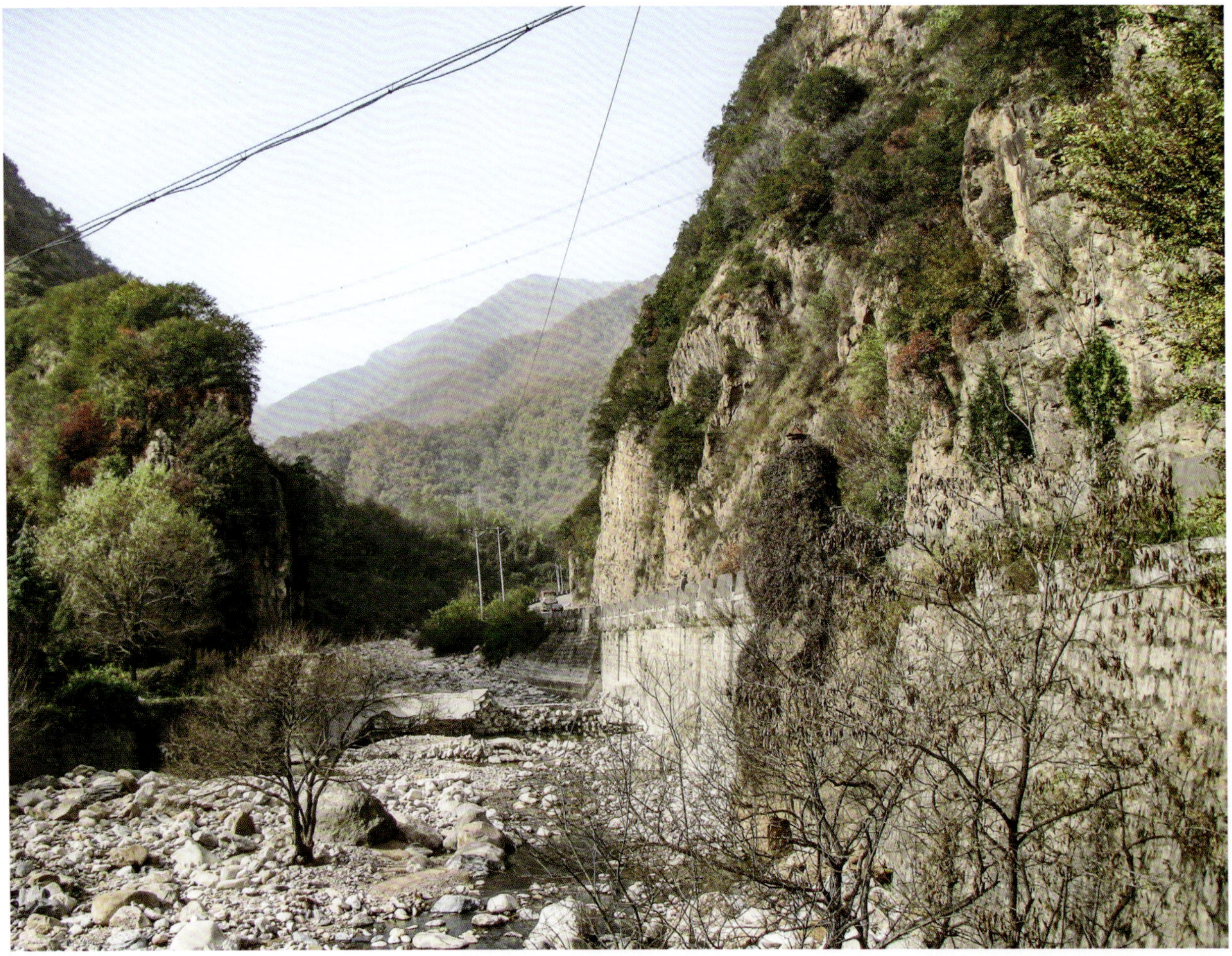

28

图二七
解放战争战壕遗迹
图二八
大散关下的川陕公路

29

30

31

32

33

图二九
观音山火车站远景

图三〇
观音堂全景

图三一
神沙河与清姜河交汇处远景

图三二
云盖寺旧址

图三三
秦岭梁垭口近景

度平均达14.3%，布线难度很大。国民政府为修建宝汉公路，请著名公路选线专家孙发端工程师等反复踏勘比较，充分利用地形，提早升坡，合理布线，所选定10.42千米越岭线，弯道最小半径为15米，最大纵坡8%，盘旋舒畅，路基宽度平均8米，被誉为越岭线的典范。中华人民共和国成立后，川陕公路亦拓宽沿用至今。

二、沿线文物

本段涉及渭滨区神农镇，清姜河自西南至东北方向贯穿该镇。清姜河又称姜水，传说为炎帝发迹之地，炎帝死后亦葬于清姜河东岸的常羊山上。《国语·晋语》："昔少典娶于有蟜氏，生黄帝、炎帝。黄帝以姬水成，炎帝以姜水成。"[1] 至今在清姜河两岸，还保留有姜城堡、炎帝陵、茹家庄弓国墓地、益门春秋二号墓、大散关等文物遗迹。本段区域内早期人类遗址十分丰富，时代延续性长，且多集中在清姜河下游，这里河谷开阔，两岸台地土地肥沃，灌溉便利，自新石器、商、周时期就有先民聚居于此。

[1] （战国）左丘明：《国语·晋语》，中华书局，2007年，第217页。

宝鸡市渭滨区神农镇

本段故道沿线共发现不可移动文物39处。其中古遗址10处，古墓葬8处，古建3处，碑刻18处。

1. 三岔河遗址（新石器时代）

位于神农镇峪泉村三组渭河支流的瓦峪河东岸二级台地上，地势呈阶梯状，北距峪泉村三组约30米，西临瓦峪河，南为水泥路，东依坡根。遗址平面南北呈不规则形，南北长约200米，东西宽约80米，面积1.6万平方米。遗址区断坎上可见长约20米的文化层，厚约1.5米，灰褐色土质，并夹杂有红烧土块，内含陶片较少。采集有新石器时代半坡晚期的罐、缸和龙山文化的陶罐等陶器残片。三岔河遗址大面积为耕地，西北部为当地村民居住地。遗址保存状况一般（图三四、图三五）。

2. 大湾铺遗址（新石器时代）

位于大湾铺村四组西南约50米处的阶地上，地势西高东低，呈缓坡状。遗址东距清姜河约60米，南、北临小冲沟，西为断崖。遗址平面略呈长方形，南北长约210米，东西宽约50米，面积约为1.05万平方米。遗址区断面可见到长约40米、厚约0.4米的文化层，内涵较少，采集到新石器时代仰韶文化半坡晚期类型的罐、甑等陶器残片。大湾铺遗址现为村民耕作用地，遗址区内暴露有文化层，内含器物较少，保存状况差（图三六、图三七）。

图三四
三岔河遗址远景

图三五
三岔河遗址标本

图三六
大湾铺遗址远景

图三七
大湾铺遗址标本

3. 姜城堡遗址（新石器时代、西周）

位于神农镇姜城堡村中，清姜河东岸与渭河交汇的二阶台地上，地势平坦，北起断崖，东到清姜路，西到断崖边。20世纪50年代调查，面积约14万平方米，文化层厚0.5～1米。采集有仰韶文化的泥质红、灰陶和夹砂红陶片，纹饰有绳纹，器型可辨钵、瓶、盆、瓮等。还采集有西周的灰陶鬲残片。今遗址大部分被现代建筑覆压，断坎均用片石砌成，未见到遗迹遗物。1983年陕西省文物保护标志碑现立于该村五组街道北侧。遗址大部分被现代建筑覆压，未见到遗迹遗物，保存状况差（图三八）。

图三八
姜城堡遗址保护标志碑

4. 峪泉遗址（新石器时代、西周）

位于神农镇峪泉村二组渭河支流瓦峪河西岸二阶台地上，地势平坦，东至瓦峪河畔，西至断坎，南至坡根，北至村边。遗址南北呈长方形，南北长约200米，东西宽约100米，面积约2万平方米。遗址区东部断坎上可见到长约30米、厚约0.4米的文化层，黄褐色土质，内含器物较少。还发现有一袋状灰坑，底径约3米，深约1.5米，灰褐色土质含有少量红烧土块，内含陶片较多。袋状灰坑北约4米处发现一陶窑，直径约1.3米，深约1.4米，内填五花土，未见陶片。灰坑中采集到新石器时代半坡晚期的尖底瓶、陶钵、陶缸和龙山文化的篮纹陶罐及西周时期高领袋足鬲裆部、仿铜陶鬲等陶器残片。该遗址分布范围广，文化内涵丰富。峪泉遗址大部分为菜地，北部被二组村民住宅所压，南部有正在修建的厂区，保存状况一般（图三九、图四〇）。

5. 姜城堡址（新石器时代、西周）

位于神农镇姜城堡村1～3组住宅区内，地势平坦。东、北为姜城堡村一组，西、南为三组。《中国文物地图集·陕西分册》载：堡址平面呈不规则形，南北长约250米，东西宽约200米。堡墙夯筑，残高2米，基宽1.6米，夯层厚0.08～0.1米，夯土内夹有明清瓦片、陶片和瓷片。1993年该村集资在原堡址东部墙基基础上修建一段仿古式城墙，长约10米，宽约5米，高约6米，城墙顶端建有仿古式六角亭1座，其南侧新修庙宇1座，名为古姜氏城遗址。姜城堡址现为当地村民住宅区，保存状况差（图四一）。

图三九
峪泉遗址近景

图四〇
峪泉遗址标本

图四一
姜城堡址近景

图四二
益门堡遗址近景

6. 益门堡遗址（新石器时代、西周）

位于益门堡村三组东南约50米（村民住宅和神农锅炉厂内）。地势东高西低，东、南两侧均为山坡，西距渭河支流清姜河约300米。遗址平面呈长方形，南北长约150米，东西宽约100米，面积约1.5万平方米，曾出土西周的灰陶绳纹鬲、罐残片及圆涡纹铜甗。由于遗址区被村民民房及宝鸡市秦龙锅炉厂场房所叠压，周围断崖也用大理石砌护，未发现遗物遗迹（图四二）。

7. 任家湾遗址（新石器时代、西周）

位于任家湾四组旧址西北100米的坡地上，地势西北高东南低，呈

缓坡状。南至李家沟口，西、北到山坡脚下，东距渭河支流清姜河约100米。遗址平面略呈长方形，南北长约120米，东西宽约80米，面积约9600平方米。在遗址区断面上见有长约30米，厚度为0.2～1米的文化层，内含器物较少。东侧断崖上暴露有袋状灰坑1处，直径3米，深0.8米，褐色土质，采集到有新石器时代仰韶文化半坡类型的陶钵残片及龙山文化的陶罐残片和西周高领袋足陶鬲、灰陶罐等陶器残片。遗址现为村民耕作用地，保存状况较差（图四三、图四四）。

图四三
任家湾遗址标本
图四四
任家湾遗址近景

8. 茹家庄遗址（商、西周）

位于神农镇茹家庄村西南约70米处的渭河支流清姜河东岸第二阶地上，地势东高西低，北至濛峪沟口，东至常羊山脚下，南至宝鸡桥梁厂家属区，北距渭河约1500米，川陕公路从遗址西部南北经过。遗址平面略呈长方形，南北长约500米，东西宽约200米，面积约10万平方米。遗址被宝鸡桥梁厂建筑及设施所压，东侧仅存一处高台，宝鸡桥梁厂为保护遗址，将高台作为宝桥公园，四周断坎均用片石砌成。遗址区内无法看到遗迹遗物。1957年陕西省人民政府竖立的文物保护标志碑，已由茹家庄村委会和村民小组联合移至强伯夫妇墓地东侧。遗址区被宝鸡桥梁厂的公园、幼儿园、招待所、住宅楼等建筑及设施所压，地表上无法看到遗迹遗物，保存现状较差（图四五）。

9. 诸葛山遗址（战国、宋）

以传说诸葛亮在此屯兵而得名，遗址位于冯家塬村三组诸葛山山顶，目测面积约100余亩，地势平坦。东临瓦峪河，西临甘沟，南、北分别至塬边。诸葛大殿居于遗址中部，遗址平面略呈长方形，南北长约250米，东西宽约100米，面积约2.5万平方米。据村民蒲世芳讲1970年平整土地时，在诸葛大殿西侧出土战国时期的陶下水管3节，其中一节现存于诸葛大殿内，其余被盗。陶水管似直筒形，通长0.55米，直径0.22~0.28米，壁厚2.5厘米。一端有长7厘米的管舌，通体饰粗斜绳纹，内饰麻点纹，并有泥条盘筑痕迹。本次调查在附近也采集有战国时期的陶水管残片。另外在遗址区东南端断坎上发现有长约15米、厚约1.2米的宋代文化层，内含大量的宋代板瓦、筒瓦残片。遗址区居于山顶，分布面积大，内涵较丰富。诸葛山遗址三面环沟，诸葛大殿居于遗址中部，遗址区现正在用机械平整土地，对遗址破坏极大，保存现状差（图四六、图四七）。

10. 大散关遗址（北魏—南宋）

位于大散关村二里关（二组）西约50米的散关岭上，又名散关，因临古散谷水而得名，古为兵家要地。东汉建安二十年（215年）曹操伐张鲁，蜀汉建兴六年（228年）诸葛亮伐魏，宋吴璘、吴玠抗金，均出入或据守此关。大散关南北长约200米，东西宽5~50米，面积约为5000平方米。清姜河、川陕公路从其东侧经过，昔日未修铁路、公路时，陡峭山崖壁立伸向河床，其间唯栈道可通，形成天然关隘。原关隘两侧山崖间残留的石砌关墙残段已无存，省级文物保护标志碑现移至山下212省道西侧，遗址区内有宝鸡市渭滨区文教局、宝鸡铁路分局凤州工务段1982年合立的石碑一通，楷书"大散关遗址"。该遗址现为"古大散关风景旅游区"，

图四五
茹家庄遗址近景

图四六
诸葛山遗址标本

图四七
诸葛山遗址近景

建设工程仍在继续。大散关遗址现被开发为"古大散关风景旅游区",保存状况一般(图四八、图四九)。

11. 濛峪沟墓群(西周、春秋)

位于濛峪沟村一组北约100米的濛峪沟南岸上,地势东高西低,北临渭河支流的濛峪沟,距渭河约1000米,南为常羊山山坡,东临村庄,西为宝鸡桥梁厂家属院,距渭河支流清姜河约500米,宝鸡至四川公路从濛峪沟口东西经过。墓群平面略呈边长为30米的正方形,面积约为900平方米。1976年暴露西周竖穴土坑墓1座,出土灰陶鬲、罐等。1980年发现东周时期秦墓数座,均为屈肢葬,出土陶器若干。濛峪沟墓群(图五〇)对于研究西周及春秋历史提供了实物资料。

12. 竹园沟墓群(西周)

位于渭滨区神农镇竹园沟村一组东侧阶地上,地势东高西低,较为平坦,西临渭河支流清姜河约200米,北距渭河约3千米,东依山体,西到断崖,南至竹园沟边(图五一)。东西长约100米,南北宽约50米,面积约5000平方米,分布于清姜河东岸二台地上。1975年暴露小型墓数十座。1976~1980年先后三次发掘墓葬22座及马坑2座,前者均为竖穴土坑墓,东南向,坑位整齐,排列有序,相互没有打破关系。其中最大的十三号墓,上口平面呈梯形,墓室长3.75米,头端宽4.4米,脚端宽3.8米。椁室周围有生土二层台,高1.15米。葬具为一椁二棺,除墓主外,尚有侍妾殉葬。墓地共出土铜鼎、簋、甗、卣、尊、罍、爵、觚、觯、豆、鬲、铙、编钟、戈、剑及玉器、陶器等1000余件。13号墓的随葬青铜礼器中,炊食器组合为鼎7、簋3、甗1、豆1;酒器组合为卣2,尊、盉、爵、觯、觚各

图四八
大散关遗址近景
图四九
大散关遗址远景
图五〇
濛峪沟墓群所在地

1；纹饰以饕餮纹为主，夔龙纹、凤鸟纹、圆涡纹为辅，云雷纹衬地。7号墓有3件成组的编钟。根据各墓的器物组合特点、形制、纹饰及铜器铭文分析，该墓地当属西周早期至恭王时期的强国贵族墓地，其文化特征显示出曾受到巴蜀文化与寺洼文化的影响。

13. 茹家庄墓群（东周）

位于茹家庄二组东南约70米的濛峪沟河南岸上，地势平坦。东依常羊山，北距濛峪沟边约80米，西距宝鸡至四川公路约50米，南临宝鸡桥梁厂住宅楼（图五二）。墓群南北长约60米，东西宽约50米，面积约3000平方米。1976年清理7座，其中1座为瓮棺葬，余皆为长方形竖穴土坑墓。均东西向，口大底小，长1.7～2.4米，宽0.77～1.7米。填土经夯打。四座有椁室。葬式为头向西，仰身屈肢。随葬品少者1件，多者28件；以陶器为主，石器次之。共出土陶鬲、鼎、簋、盆、盘、甗、罐、壶、匜、豆、釜、仓、圭等52件，石圭42件及铜带钩2件。从器物类型和组合情况看，当属春秋战国之交的秦国墓葬。

14. 益门堡春秋墓（春秋）

位于神农镇益门堡村五组张宝山电信器材厂院内，渭河支流清姜

图五一
竹园沟墓群所在地

图五二
茹家庄墓群所在地

河东岸二级台地上，地势平坦，东为宝鸡桥梁厂家属院，南为益门堡村五组，东依常羊山脚下，北距宝鸡至四川公路约50米，1992年5月清理（图五三）。为竖穴土坑墓，长3.2米，宽1.5米，深5.5米。有熟土二层台，葬具一棺一椁，棺底发现朱砂，随葬品置于头箱和棺内。出土嵌绿松石的金柄铁剑、金环首铁刀、钢刀、鸭首金带扣、鸳鸯或盘蛇形金带钩、金项链、金络饰、金环、金泡（方、圆）104件（组）；玉璧、璜、觿、环、虎形玉佩、玉饰等81件（组）；以及铜环、带钩、带扣、马衔、转珠、镞和绿松石、料串珠等，共213件（组）。所出金、铁、玉器，造型精美，纹饰华丽，工艺水平极高。其中铁器多达20余件，金器总重量约3000克，均居中原先秦墓之首。该墓属春秋晚期（偏早）的秦人遗存。

15. 姜城堡墓群（春秋、唐、北宋）

位于神农镇姜城堡村、西一路中旺小区7号院内，东临清姜路，西临村办企业，南临西一路街道，北临姜城堡村居民住宅（图五四）。墓群东西长约150米，南北宽约80米，面积约1.2万平方米。1967、1982年暴露春秋秦人土坑墓多座，出土铜礼器有鼎、簋、壶、盘、盉；车马器有马衔、镳、铃、泡；陶器有鬲、罐等，共40余件。另于1954年出土北宋政和八年（1118年）武梦令墓志1合，边长77.5厘米；1956年出土唐开元十五年（727年）赵知俭墓志1合，边长45厘米；现均藏于西安碑林博物馆。姜城堡墓群现为西一路中旺小区住宅，整个墓群被现代建筑覆压，保存现状差。

16. 川陕路北口墓群（唐、宋）

位于渭滨区清姜路西、广元路南的金月亮娱乐城院内，西为姜城堡村，南为台地，面积不详（图五五）。1978年暴露唐代洞室墓数座，出土陶塔式罐及仕女俑等。墓地还曾发现宋代砖室墓，出土白黄釉刻花瓷瓶、青釉瓷香炉及铁壶、铁炉等。川陕路北口墓群地表均为现代建筑，墓地范围、形制不明。

17. 东四路北墓群（北宋、元）

位于清姜东四路峰火无线电厂五现场（家属区命名）院内，地势平坦，东、西、北均为住宅楼，南临东四路街道，面积不详（图五六）。1988年清理北宋夫妇合葬砖室墓1座。墓室方形，攒尖顶，边长2.85米，高3.45米。室内檐下施砖雕斗拱，四壁饰砖雕人物、动物、花卉、建筑等图案。出土黑釉褐斑瓷碗及耀窑系青釉瓷器残片。另于1958年清理元代砖室墓1座，墓室方形，边长3米，攒尖顶。室内檐下施砖雕斗拱，四壁饰砖雕二十四孝等图案。出土瓷碟等。该墓群现已被峰火无线电厂五现场（家属区命名）住宅楼所覆压[1]。

18. 炎帝墓冢（1993年）

位于宝鸡桥梁厂东侧常羊山顶端，地势南高北低，呈坡形，东临濛峪沟，西临孙家沟，南临常羊山公园，北为炎帝陵广场（图五七）。该墓冢1993年从天台山迁往此处，由墓冢、石碑、神道组成。墓冢为半圆丘形，直径约16米，封土高约8米，面积约200平方米。封土周边有高约0.7米的砖挡墙维护。在墓冢北侧立有石碑3通，炎帝陵碑居中，两侧为福寿碑，三通石碑均为石灰岩质，大小、形制基本相同。炎帝陵碑，身首一体，通高2.3米，宽0.7米，厚0.22米；座长1.2米，宽0.75米，高0.6米，半圆形碑首为高浮雕二龙戏珠，方额无题，碑身阴刻楷书"炎帝陵"三字，落款为"启功敬题"。石碑北侧即为台阶式神道，与炎帝陵园南北相望。愈下愈陡，神道底端与广场相接。神道两侧共有帝王石造像34尊，分东西两排，每排17尊，间隔约3米，西侧造像分别为"尧—禹—桀—盘庚—周文王—幽王—郑庄公—秦穆公—晋文公—吴王—魏文侯—赵武灵王—秦始皇—汉

[1] 中国考古学会：《宝鸡市长岭机器厂北宋墓》，《中国考古学年鉴（1989）》，文物出版社，1990年，第281、282页。

图五三
益门堡春秋墓所在地

图五四
姜城堡墓群所在地

高祖—汉景帝—汉哀帝—汉光武帝"；东侧造像为"舜—启—汤—纣王—周武王—平王—齐桓公—宋襄公—楚庄公—越王—楚怀王—秦孝公—西楚霸王—汉文帝—汉武帝—新帝—汉灵帝"。34尊造像，大小均相同，高2.2米，宽0.7米，厚0.5米，座长1.2米，宽0.85米，高0.6米，用汉白玉雕刻而成。炎帝墓冢按帝王陵设计布局，规模大，气势恢宏，是关中地区唯一一座华夏始祖陵寝。

19. 关帝庙前殿（清）

位于神农镇益门堡村二组中部，清姜河西岸的二级台地上。地势西高东低，呈缓坡状。东距清姜河约15米，西距献殿约10米，南北两侧为民宅，坐西向东，平面呈长方形，南北长10.5米，东西宽约7.5米，面积约80平方米，砖土木结构，内有木板隔楼，面阔三间，进深两间，五架梁，前后带单步梁，硬山灰瓦顶，透花脊，柱径0.24米，柱高5.5米，门窗已毁，彩绘已脱落。中华人民共和国成立前国民党胡宗南部曾将此殿作为防御工事使用。2008年5月12日四川汶川地震波及本地，使前殿后檐坍塌，墙体裂缝，损坏严重（图五八、图五九）。

图五五
川陕路北口墓群所在地
图五六
东四路北墓群所在地
图五七
炎帝墓冢近景

20. 益门堡关帝庙献殿（清）

位于神农镇益门堡村二组中部，渭河支流的清姜河西岸二级台地上。地势西高东低，呈缓坡状（图六〇、图六一）。东距清姜河约15米，西后墙紧临宝成铁路，南北两侧为村民住宅，该殿坐西向东，平面成长方形，南北长约10.6米，东西宽约8.5米，面积约90平方米，砖木结构，面阔三间，进深两间，硬山灰瓦顶，三架梁，柱径0.28米，柱高3.35米，隔扇门，直棂窗。该殿始建年代无考，后檐墙内镶有清代石碑2通。

21. 诸葛大殿（清）

位于神农镇冯家塬三组诸葛塬上。东临夏牙壑，西临甘沟，南、北均为平地。大殿为仿古式建筑，坐南面北，东西长10米，南北宽7.5米，高约6.5米，面积约75平方米，面阔3间，进深1间，5架梁，柱径0.35米，高约3米，硬山灰瓦顶，透花脊，檐下施斗拱，斗拱间有象鼻、龙首昂，双扇

图五八
关帝庙前殿近景

图五九
关帝庙前殿梁架

图六〇
益门堡关帝庙献殿近景

图六一
益门堡关帝庙献殿梁架

隔门，现代风格窗，殿前有高0.6米的台阶，殿内塑有诸葛神像，两侧山墙为彩绘三国故事壁画。1992年、1998年两次重修，殿前左侧立有功德碑1通。2007年天台山筹建处确定位旅游点，在殿前右侧立石碑一通，题为诸葛山。南侧建有看护人员的住宅。诸葛大殿位于诸葛山顶，三面环沟，地势险要，结构稳定，香火一般，保存状况较好（图六二、图六三）。

22. 峪泉造像碑（元）

位于渭滨区峪泉村三组北侧瓦峪寺院内，西侧紧临渭河支流瓦峪河东岸，北距310国道约60米，东依高崖，南临村庄（图六四）。砂岩质，残高1米，宽0.73米，厚0.16米。碑阳高浮雕立佛1尊，头部残缺，胸佩璎珞，跣足立于莲花座上。碑阴刻至元三年（1266年）题记，碑身下有榫卯，闲置于瓦峪寺院内。该碑做工考究，刀法洗练。峪泉造像碑头部残缺，闲置于瓦峪寺院内。

23. 益门雄镇石匾（明）

位于益门堡村一组（原址）王广田家门外西侧地势平坦处（图六五）。南侧为打麦场，东、北均为村民废弃房屋，南临沟边。石匾为砂石质，长方体，横宽2米，纵高0.35米，厚0.19米。弘治十五年（1502年）刻。正中楷书"益门雄镇"四字。右侧书"宝鸡县知县许庄题"。石匾左端和右上角稍有残损，于2011年收藏于渭滨区博物馆。

24. 重修关帝庙碑（明）

位于渭滨区神龙镇清姜河西岸益门堡村二组关帝庙院内，立于关帝庙献殿前（图六六）。砂质岩，长方体，龟形座。通高1.6米，宽0.7米，厚0.145米。表面严重风化，字迹漫漶不清，隐约可见楷书"重修关帝庙碑明万历癸未（1583年）春二月吉日 镇"。龟座长0.75米，宽0.7米，高0.5米。该碑对了解关帝庙的历史沿革有一定价值。

图六二
诸葛大殿近景

图六三
诸葛大殿梁架

图六四
峪泉造像碑

图六五
益门雄镇石匾远景

第二章 故道干道及沿线遗迹

25. 重修药王庙碑（清）

位于益门堡村一组（原址）东北约100米处的西山山梁上，立于药王庙门前（图六七）。地势西南高东北低，东北距清江河约300米，西、南依山梁。石碑为石灰岩质，通高2.1米，宽0.65米，厚0.15米；首高0.7米，宽0.7米，厚0.18米，半圆形碑首，其上浮雕二龙戏珠，方额内楷书"皇清"二字；碑身为长方形，高1.4米，宽0.65米，厚0.15米，碑文漫漶不清，碑阴落款为嘉庆十年（1805年）立石。重修药王庙碑现立于药王庙旧址上，碑文字迹漫漶不清，落款隐约可见，保存状况差。

26. 禁采兰草碑（清）

位于益门堡村三组南部街道内地势平坦处。南临益门堡三组住户，北为水泥街道，东北距神农锅炉厂约200米，东距川陕公路约350米。石碑身首一体，通高1.63米，宽0.68米，厚0.19米，半圆首，楷书"禁采兰草碑记"。下有榫头，碑文近乎磨光，字迹漫漶不清，隐约可见落款"雍正五年"（1727年）（图六八）。

27. 吊炉（清）

位于益门堡村一组（原址）东南约100米处的西山梁顶药王殿旧址前，地势西南高东北低。东北距清姜河约300米，东为阶地，西、南均依

图六六 重修关帝庙碑
图六七 重修药王庙碑

图六八
禁采兰草碑

图六九
吊炉

山梁（图六九）。吊炉为砂岩质，由圆形吊炉和长方体立柱组成，吊炉直径0.5米，高0.24米，内深0.1米，外围浮雕莲花图案。立柱与俯均吊炉榫卯连接，边长0.2米，高0.52米，一侧竖阴刻"道光十二年（1832年）敬□□"，另一侧为"南山堡□□□□"，其余两侧为相互对称的浮雕桂花图案。吊炉曾为药王庙焚纸炉，现废弃不用，保存状况差。

28. 革除陋规碑（清）

位于渭河支流清姜河西岸益门堡村二组关帝庙前殿后檐墙上。卧碑，石灰岩质，长方体，长0.6米，宽0.53米，边框为线刻兰草纹。记载宝鸡县令正堂何氏革除禁采兰草陋规，令禁差役借此扰民的谕令。碑文为楷书，十七行，满行20字，清嘉庆十年（1805年）二月二十四日立（图七〇）。

29. "常羊育炎"题刻（清）

位于渭滨区神龙镇常羊山炎帝大殿后门西侧10米处的花草池内。题刻是利用不规则的石灰岩质石块阴刻而成，高1米，宽0.5米，厚0.28米。正中楷书"常羊育炎"，左下楷书，阴刻"嘉庆二年（1797年）立"，施红漆。该题刻是重修炎帝陵时出土的。常羊山曾是炎帝生息之地，传说此题刻立于常羊山上，与渭河北岸的陵园（指李茂贞墓）遥遥相望（图七一）。

30. "山海镇□"题刻（清）

位于渭滨区神龙镇常羊山炎帝陵园大殿南门东侧10米处（图七二）。题刻为不规则条形石灰岩质石块，高1.4米，宽0.7米，厚0.35米，碑身正中楷书阴刻"山海镇□"四字，右上角楷书"嘉庆三年（1798年）重修城池"字样，双线边框。该碑为重修炎帝陵园时出土，以山海之威镇鬼驱邪，护佑百姓。

31. 大王祠碑（清）

位于神农镇清姜河西岸益门堡村二组关帝庙院内，立于关帝庙献殿前（图七三）。石灰岩质，身首一体，无座。通高1.75米，宽0.62米，厚0.13米。半圆首浅浮雕二龙戏珠，方额篆书"皇清"二字。碑文楷书："大王

图七〇
革除陋规碑

图七一
"常羊育炎"题刻

图七二
"山海镇□"题刻

图七三
大王祠碑

图七四
重修关帝庙碑记碑
图七五
关帝庙捐资碑

祠创建于益门镇者不知弃之何年,嘉庆岁在疆圉赤奋若重修迄今四十余载——咸丰十年(1860年)岁次庚申姑洗月上浣榖旦立石。"碑体剥落严重,字迹漫漶不清。

32. 重修关帝庙碑记碑(清)

位于渭滨区神农镇清姜河东岸益门堡二组关帝庙内,镶嵌于关帝庙献殿后檐墙内壁上(图七四)。石灰岩质,无座。半圆首高浮雕二龙戏珠,方额篆书"皇清"二字。长方形碑身,高1.42米,宽0.72米。碑文楷书:"重修关帝庙碑记——道光十四年(1834年)岁次甲戌应钟之日榖旦。"徐建照撰文,误三圻书丹,彭重英篆额,刘正祥刻石。共10行,满行47字。

33. 关帝庙捐资碑(清)

位于渭滨区神农镇清姜河西岸益门堡二组关帝庙内,镶嵌于关帝庙献殿后檐墙上(图七五)。石灰岩质,无座。碑阳用泥封堵无法看到,碑阴为半圆形碑首,浅浮雕二龙戏珠,高0.5米,宽0.55米,方额隶书"碑阴"二字。长方形碑身,高1米,宽0.52米。无碑文。据村民讲,该碑是1967年镶嵌于墙内,碑文为捐资人及所捐粮款。

34. 秦岭碑(1939年)

位于渭滨区神农镇212省道宝鸡至凤县33千米处(图七六),东、西两侧为陡坡,地势陡峭。石碑为石灰岩质,原高1.4米,下半部分深埋地下,地上仅存高约0.6米,宽0.75米,厚0.12米。宋希尚楷书"秦岭"二字,民国二十八年(1939年)款。

35. 大散关摩崖题记(1936年)

位于渭滨区神农镇清姜河西岸川陕公路21.5千米的西侧崖壁上(图

七七），北距大散关村二组（二里关）约200米，东侧紧临清姜河，四川至宝鸡公路从题记下南北经过。石灰岩质。崖面经过修整加工，凿成带有边框的碑形，表面较为平整，高2.2米，宽1.05米，碑底距公路面高约0.6米，碑阳楷书阴刻："古大散关，民国二十五年（1936年），古华赵祖康。"施红漆，大散关摩崖题记碑身表面随岩体有裂缝，保存状况较好。

36. 重修菩萨庙碑（1940年）

位于神农镇大散关一组观音堂大殿前（图七八）。石碑为石灰岩质，身首一体，龟形座。通高2.02米，宽0.54米，厚0.15米。半圆形碑首，高浮雕双凤朝阳，方额隶书"永垂不朽"，高0.53米，宽0.54米，厚0.17米；长方形碑身高1.04米，宽0.54米，厚0.15米，楷书碑文"重修观音堂慈云菩萨庙碑记，近日东村赵君衡山……中华民国二十九年（1940年）二月十九日立"共17行，满行39字，概述了修建菩萨庙的规模及庙内创建初级小学等记事。龟形碑座，长0.95米，宽0.75米，高0.45米。

37. 秦岭标志碑（1987年）

位于渭滨区神农镇212省道宝鸡至凤县33千米处的秦岭梁顶公路边

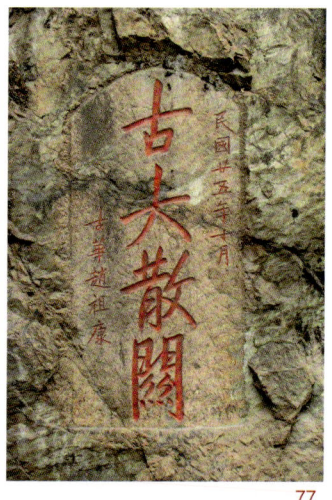

图七六 秦岭碑
图七七 大散关摩崖题记
图七八 重修菩萨庙碑
图七九 秦岭标志碑

（图七九），东距"秦岭碑"约80米。东、西两边为峭壁，南北两侧为陡坡，地势陡峭。石碑为石灰岩质，身首一体，碑身有裂纹，无座，通高约2.5米，宽1米，厚0.35米，碑阳楷书"秦岭"，陕西宝鸡金渭公路管理段1987年立。秦岭标志碑位于212省道宝鸡至凤县33千米处，秦岭梁顶公路边，碑身略有残损，保存状况较好。

38. 炎帝陵园碑（1993年）

位于渭滨区神农镇常羊山炎帝陵园牌坊前西侧（图八〇）。石灰岩质，身首一体，通高1.85，宽0.7米，厚0.26米。半圆形碑首高0.55米，宽0.75米，厚0.28米。碑首两面均为高浮雕二龙戏珠，无额。长方形碑身，高1.3米，宽0.7米，厚0.26米。碑阳书"炎帝陵园"，文怀沙敬题。碑阴隶体阴刻"我人文始祖……教万世"。共7行，满行18行。"一九九三年八月十四日岂在癸酉七月吉旦，燕堂文怀沙振董百拜浸记并书"，该石碑有炎帝陵管理处看管保护，保存状况好。

39. 九龙泉碑（不详）

位于渭滨区神农镇峪泉村一组北侧门前水泥路崖下5米处（图八一），北距310国道约6米，东北距神龙祠约50米。砂质岩，碑体残留下半部，长方形，无座。残高1.22米，宽0.84米，厚0.2米。碑阳阴刻楷书"九龙泉"，清和月榖旦。字高0.4米，宽0.25米。残留下半部，碑身风化严重，保存现状差。

图八〇 炎帝陵

图八一 九龙泉碑

第二节

秦岭梁垭口至凤州村

由秦岭梁垭口至凤县凤州村，此段道路全长约55千米，沿嘉陵江两岸自北向南而行，行政区划隶属于凤县管辖，沿途经过黄牛铺镇、红花铺、凤州三个乡镇。

黄牛铺镇位于凤县东北部，地处秦岭主梁以南、嘉陵江源头地带。北连渭滨区，东接河口镇，西连唐藏镇，南临红花铺镇，镇政府驻黄牛铺村，距县城53千米。黄牛铺镇地理条件优越，海拔在1200～1500米，宝成铁路、川陕公路贯穿全境，境内建有黄牛铺、秦岭2个火车站，交通十分便利。

红花铺镇北连黄牛铺镇，东与河口镇连山接壤，南与凤州镇毗邻，西与唐藏镇为邻，镇政府驻红花铺村，距县城42千米。宝成铁路和川陕公路南北过境。红花铺镇自然资源丰富，矿产资源种类繁多，气候温和，是凤椒优生区，也是中药材优生区之一。红花铺镇自古就是入蜀必经之道，川陕公路、宝成铁路横贯全境，境内有火车站2处，公路里程35千米，是连接县城与市区、通天河国家森林公园的交通要道，交通十分便利。

凤州镇位于凤县中部，嘉陵江安河交汇三角洲，西距凤县县城双石铺11千米，北离宝鸡80千米，镇政府驻龙口社区。凤州镇秦时在此设故道县，后一直为州、郡、县治所在地，在历经两千多年的漫长岁月中，先后更名为梁泉县、河池郡、南岐州、凤州。明洪武七年（1374年）降州为县，1951年6月，县城搬往双石铺之前，一直为凤县的政治、经济、文化中心。镇内交通便利，宝成铁路、川陕公路、凤（州）太（白）公路穿境而过，辖区内现有2个火车站，其中凤州火车站属三等站，停靠车次较多，客货运输方便。

嘉陵江发源于秦岭北麓的凤县代王山，其在凤县境内古称故道河，南北向贯穿全县，沿途交通便利，水资源丰富。嘉陵江沿岸主要山脉呈东西走向，地势东北高，西南低，其间有小型断陷盆地与宽谷坝子，为古今农业集中区。这里川道通直，地势开阔，河谷东西宽约300～1000米，地形平坦，自然条件相对较好，四季分明，水量充沛，适宜于农业发展，是凤县重要的粮食产区。沿途各镇村落多集中于东南岸呈南北向分布，较为密集，人口众多，川陕公路、宝成铁路沿嘉陵江东岸南北向纵穿三镇，交通便利。

一、古道道路遗迹

（一）秦岭梁垭口至北星村

起点：秦岭梁垭口，N：34°14′48.8″，E：106°56′07.3″，海拔1546米；终点：北星村，N：34°10′20.3″，E：106°47′09.3″，海拔1246米，全程大约18千米，行政区划属于凤县黄牛铺镇。

秦岭梁垭口是渭滨区与凤县的交界处（图八二），东、西两侧为山，中部低洼，地形呈"凹"字形，为一南北向谷地，故道从此处向南翻越秦岭，进入凤县黄牛铺镇境内，垭口东侧有东峪沟，顺此沟逆流而上可至嘉陵江源头代王山。嘉陵江循东峪沟由东南流向西北，至东河桥老街附近转向西南，纵贯凤县全境，沿途经过黄牛铺、红花铺、凤州、双石铺由灵官峡入甘肃两当县。秦岭梁垭口川陕公路（212省道）东侧原有秦岭梁碥道遗迹，此段碥道为南北向，长约35米，宽约1.3米。碥道用碥石铺砌成踏步，踏步宽0.25～0.3米。其北端立有凤县与渭滨区界碑1通，上书"渭滨01 国务院 1998年"（图八三）。2009年7月宝鸡市第三次全国文物普查时，已经登记收录，虽然部分路面保存情况较差，灌木丛生，但仍可看到残存的碥道遗迹（图八四）。在本次故道调查中我们发现，宝鸡市南山建委以及凤县相关部门搞旅游开发，修建横跨川陕公路的门楼，将原有碥道拆毁，改为水泥踏步，致使此段碥道遗迹荡然无存（图八五）。碥道遗迹南段与川陕公路交会处东侧另有民国年间石碑1通，大半碑身埋入地下，形制不详。根据第三次文物普查资料记述：该石碑，通高1.27米，宽0.77米，厚0.19米。正中题楷书"秦岭"二字，右署"民国二十八年（1939年）冬"，左署"宋希尚题"（图八六）。

另外在秦岭梁垭口，川陕公路西侧，有一不规则台地，地势较为开阔平缓，南北长约90米，东西宽约60米，此处即为煎茶坪遗址，遗址西

图八二
嘉陵江源头景区大门
图八三
凤县与渭滨区界碑

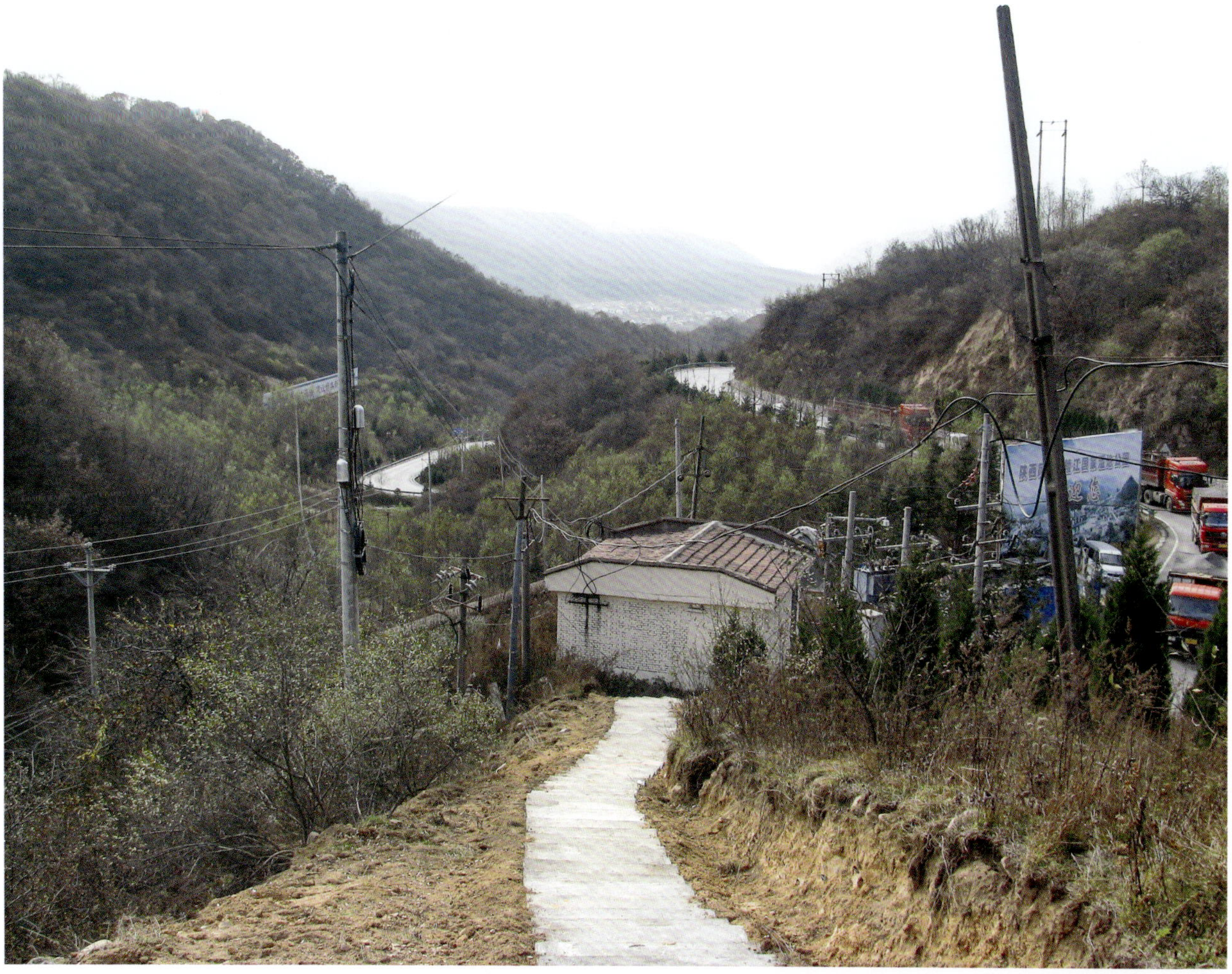

85

86

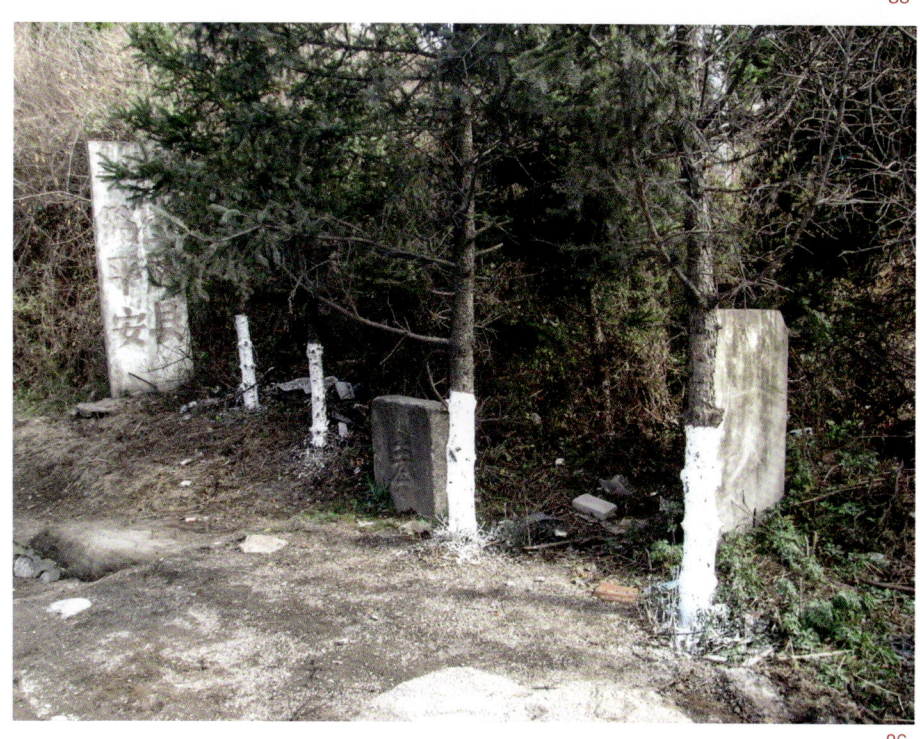

图八四

凤县2009年文物普查时秦岭梁垭口碥道遗迹

图八五

本次调查碥道遗迹现状

图八六

民国时期秦岭碑

南尚有古井1眼，1992年宝鸡市马头滩林业局修建森林防火井时发现此井，并在其上加盖井亭1座，相传西汉高祖刘邦北定三秦时曾在此取水煎茶，所以得名煎茶坪。整个遗址现为凤县岭南公园的一部分，川陕公路（212省道）从其东侧穿过。据三普资料记载：2009年在调查该遗址时，在地表尚能采集到少量汉代绳纹板瓦、筒瓦和宋代瓷片以及明清时期筒瓦等残片（图八七）。煎茶坪遗址和秦岭梁碥道仅仅相隔一条川陕公路。

由秦岭梁垭口向南约1.4千米，行至凤县秦岭旅游接待中心（图八八），地形逐步开阔，坡度亦趋于平缓，接待中心东侧，原有火星庙1座，属东河桥，现已无存（图八九）。据当地村民介绍，在宝汉公路未修通前，旧路皆从庙前向南而过。继续南行约350米便至嘉陵江边，由于此段属嘉陵江上游源头，河面仅宽约15米，且水浅滩多遍布卵石，不需桥梁亦可通过，过河后西行约620米，为东河桥老街，老街为故道出秦岭梁垭口进入凤县境内第一村，这里河谷开阔，宽约700米，村内街道两侧至今保存有清末民国时期的店铺及民居建筑，旧路现已改建为水泥路，只有村东头入村口有一段砂石路（图九〇、图九一）。宝成铁路从村北东西向通过，川陕公路从距村南约400米的东河桥新村穿村而过，后交会于周家庄村顺嘉陵江折向西南方向。出老街村继续向偏西南方向前行约1.1千米，便至周家庄村（图九二），该村相传为清末民国时期有一周姓商人在此地居

图八七　煎茶坪遗址全景
图八八　秦岭旅游接待中心近景
图八九　火神庙旧址
图九〇　老街村街道
图九一　老街村北旧路与水泥路交汇处
图九二　周家庄村
图九三　秦岭火车站

住，经营生意逐步发展，随后渐有百姓迁入，故取名周家庄。这里河谷宽阔平坦，南、北面两面又有麦简沟河等3条小支流汇入嘉陵江，形成山间冲积平原。周家庄与其东面的东河桥村，具处于这一长约2.4千米、宽约800米的冲积平原中，由于土层深厚，地势平坦，耕地接连成片，适宜农业生产，人口密集。宝成铁路、川陕公路亦交会于村中，交通便利。

秦岭火车站（图九三）是宝成铁路穿过秦岭进入凤县的第一车站，它位于周家庄村内南端，建于1954年。车站及其上下行区间均已电气化，车站距离宝鸡火车站45千米，隶属西安铁路局，是四等站，从这里向南坡

88

89

90

91

92

93

势平缓，基本是一路下行。因此，部分列车需要在此站摘挂补机头，方便运行。

出周家庄村向西南方向前行约2千米，为堆子村，村南有2小支流汇入嘉陵江，形成一个稍小的冲积盆地，长约1千米，宽约700米，村民集中居住，川陕公路穿村而过，宝成铁路从村西侧南行（图九四）。出堆子村南行约1千米，经石窑铺村过嘉陵江（图九五），继续南行约430米，嘉陵江西折（此段河流呈东西走向），顺河北岸山根西行约800米，到达井儿巷村，这里河谷逐渐狭窄，宽约260米。出井儿巷村西行约800米，可见一条长约820米、宽约300米、高30～40米的山梁横亘于河谷中（图九六），此山梁自北岸山脊向南延长挤压南岸，形成倒"凸"字形，宝成铁路穿隧道而过，川陕公路经山梁西侧小沟口下（小地名）经豁口，越过山梁。继续西行约370米，到达鲍家庄村（图九七）。西出鲍家庄村约1.5千米过嘉陵江，行至河南岸的东街村即可到达黄牛埔镇（图九八）。

黄牛埔镇沿嘉陵江南岸台地而建，大致呈东西走向，分为东街和西街两个村。据《凤县志》载，黄牛铺又叫黄牛堡，南宋杨从义曾在此建堡以

图九四
堆子村
图九五
石窑铺村
图九六
井儿巷村西山梁远景
图九七
山梁南眺鲍家村远景

94

95

96

97

御金兵。明清时期故道繁盛，为方便来往商旅，遂在本镇设立铺第。黄牛铺镇地理条件较为优越，众多小支流汇集于此，流入嘉陵江，形成一个东西长约4.5千米、南北宽650～800米的带状冲积平原，地形平坦，两侧山势坡度平缓，土层深厚，村庄、耕地接连成片，人口密集，农业发达，宝成铁路、川陕公路东西向贯穿村镇，西街建有黄牛铺火车站，镇、村道路建设完善，交通十分便利，是关中通往蜀地、大西南之咽喉，自古为兵家必争之地（图九九、图一〇〇）。

出黄牛铺镇西行约1.2千米，经大湾，至侯家店村，三岔河由北向南汇入嘉陵江（图一〇一），并由此处折向西南，这里水浅滩多，地势平缓，宝成铁路、川陕公路沿嘉陵江东岸向西南方向延伸，距侯家店村西南约1.4千米，为长滩坝村（图一〇二），出村继续向西南前行约800米，有一河岸台地，突兀眼前，即为清风关村，村庄不大，村民旧居多集中于台地东侧山根而建，新村均分布于其西侧的川陕公路两侧，宝成铁路亦沿新村东侧而过（图一〇三）。出清风关村西南约1.3千米，便可到达此段路线的终点北星村（图一〇四）。

北星村位于北星沟河北端与嘉陵江交汇处，北星沟为南北走向，长

图九八
黄牛铺镇东街川陕公路桥
图九九
黄牛铺镇街道
图一〇〇
黄牛铺镇中南沟河与嘉陵江交汇处
图一〇一
三岔河与嘉陵江交汇处

图一〇二
清风关北眺长滩坝村远景

图一〇三
清风关村远景

图一〇四
北星村街道

约17千米。据当地居民介绍，此地因沟口夜晚可见北斗七星而得名。解放战争时期，村内曾驻扎有国民党第三十八军军部，后随军长孔从洲起义于此，投诚解放军。此段由于嘉陵江东岸地形相对狭窄，宝成铁路、川陕公路均沿东岸山根相依而行。

（二）北星村至永红村

起点：北星村，N：34°10′18.3″，E：106°47′04.6″，海拔1244米；终点：永红村，N：34°01′34.5″，E：106°39′55.7″，海拔1084米，全程大约25千米，行政区划属于凤县红花铺镇。

由北星村南行约1.1千米，经湾湾（小地名），到达马莲滩村，该村坐落于一处南北长约450米、东西宽约270米的马蹄形河岸上，其东、南、北三面环山，西临嘉陵江，宝成铁路从村西侧穿过，川陕公路沿嘉陵江东岸岸边向西南方向前行。出马莲滩村西南约1.1千米，为永生村，此处地形较马莲滩开阔，村庄位于嘉陵江东岸阶地上，地势平坦，宝成铁路顺村东侧山根驶向南方，川陕公路沿村西侧向南直行。南出永生村约740米处，川

图一〇五 长桥栈道近景

陕公路东侧，即为长桥栈道遗迹（图一〇五）。

长桥栈道遗址（N：34°09′08.5″，E：106°45′51.851″，海拔1208米）开凿于嘉陵江河东岸山根，西侧紧邻川陕公路（图一〇六），其东侧山根崖上为宝成铁路49号黑湾隧道（图一〇七），栈道为西北东南走向，全长15.41千米，距河面高约12米。根据第三次文物普查资料的记载：长桥栈道原有方形栈孔10个，孔距1~3.5米，孔边长0.37米，深0.37米。本次调查发现由于道路两侧绿化，灌木茂密，无法靠近攀爬，杂草丛生，已经将栈道遗迹完全掩盖，给我们的工作造成一定的难度。在栈道遗迹北端立有保护标志碑1通，部分栈孔有风化现象。长桥栈道是故道干道凤县境内仅有的一段遗迹，之所以要在此段开凿栈道，是由于受地形限制影响。自永生村向南，嘉陵江东岸阶地忽然变得狭窄，宽度由约400米向东侧紧收，至村南时已不足50米，到达长桥栈道遗迹处宽度仅剩约15米，由于紧临嘉陵江，且河岸路基宽度不足，为了减少河水冲刷，保证来往商旅能安全通过，只有在其东岸高于嘉陵江水的崖壁上开凿栈道，防止山洪毁坏道路。过长桥栈道往南约且650米处，便至黑湾村，嘉陵江在此处呈"〜"形转折向南，宝成铁路、川陕公路亦沿东侧河岸向南延伸，经货郎坟、窑上（均为小地名），大约2.5千米的路程，便可到达红花铺镇政府所在地红花铺村（图一〇八）。

红花铺村原隶属于黄牛铺镇管辖。1997年，凤县人民政府将黄牛铺镇的永生村、红花铺村、魏家湾村、草凉驿村、龙王沟村和凤州镇的五星台村、永红村共7个行政村划出设立红花铺镇。红花铺镇虽然成立时间不长，但是地理位置较为重要，其东与河口镇连山接壤，南与凤州镇毗邻，西与唐藏镇为邻，北与黄牛铺镇相连。红花铺镇自古便是故道入蜀的必经

图一〇六
川陕公路西侧长桥栈道
图一〇七
宝成铁路黑湾隧道
图一〇八
红花铺镇

106

107

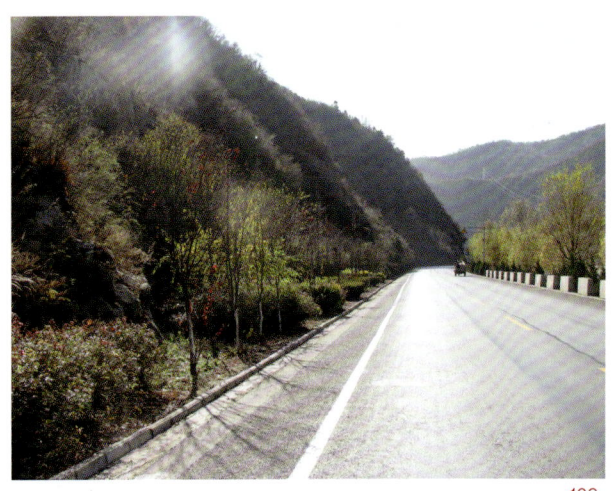

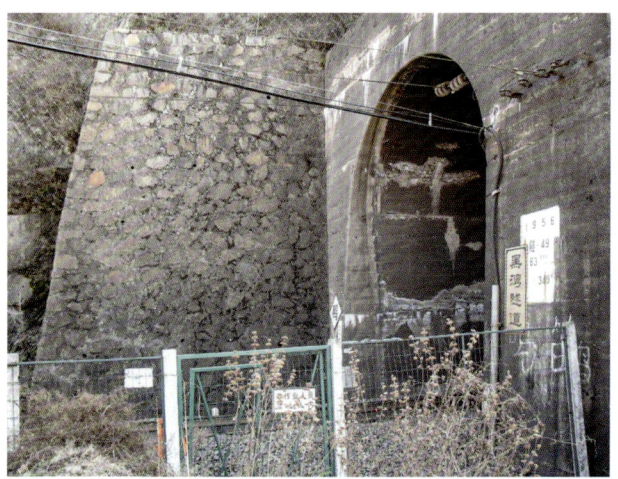

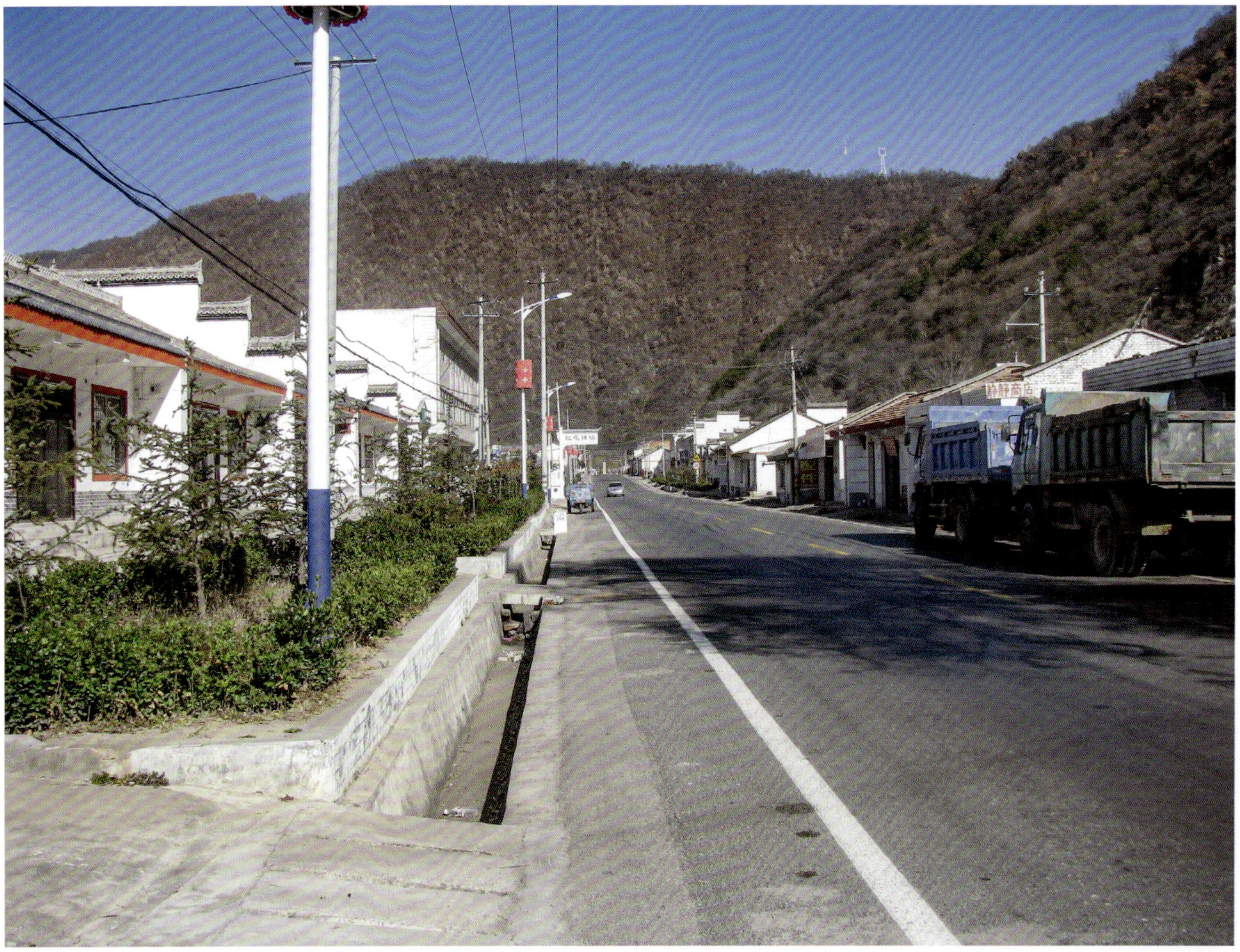
108

之道，川陕公路、宝成铁路纵贯全境，交通十分便利。自红花铺村开始嘉陵江河谷逐渐狭长，河谷东西宽度不超过200米。出红花铺村向南约2.6千米，经刘家庄，到达魏家湾村，由于河谷较为狭窄，且东岸宽度较大，村庄及道路均集中于东岸，继续南行约1.1千米经胡家窑村，到达草凉驿村。

草凉驿村位于嘉陵江东岸，水流平缓，地势平坦，此处河谷较为开阔，宽约500米，嘉陵江和龙王沟水在此交汇（龙王沟水当地人称小河，《云栈纪程》中记载就是马鞍水），村民集中而居，人口较为密集（图一〇九），耕地接连成片，适宜于农业生产。草凉驿村因明、清时期在此设立驿站而得名。驿站是古代供传递官府文书和军事情报的人或来往官员途中食宿、换马的场所，它是官道最重要的基础设施，负责本段道路的传输工作，设驿丞一员，负责本驿的管理，设杠夫、驿马若干，明清时期相距50~70里设驿一处。草凉驿是故道上一处较为重要的驿站，相传唐代始建草凉楼，称草凉楼站，宋代为黄花镇，明、清设驿站，称草凉驿。

草凉驿驿站旧址位于草凉驿村草凉驿老街中部（N：34°02′35.8″，E：106°41′27.8″，海拔1101米）（图一一〇）。为一单独院落，院落南北长38.3米，东西宽11.09米，占地面积423平方米。现存主体建筑一座，为清代建筑，土木结构，坐南朝北，面阔4间，进深一间。东二间辟门，

图一〇九
草凉驿村街道

图一一〇
草凉驿驿站旧址

图一一一
草凉驿驿站旧址檐下结构

图一一二
草凉驿驿站旧址山墙

图一一三
五星台村远景

尽间辟窗，抬梁式梁架，屋面施小青瓦，清水脊，版筑土墙，双开门板（图一一一、图一一二）。在村中老街南故道边，原有草料场一座，现已废弃无存。民国十二年（1923年）全国废除驿站，草凉驿归邮政，设草凉驿代办所。1955年改邮电所，1961年裁并，改革开放后，卖与私人。

清代的《云栈纪程》和现代的《宝鸡古代交通志》记载：秦设的故道县县治最初就在草凉驿。大约在西汉年间由于关中和巴蜀交流紧密，其中穿越巴山蜀水最繁忙的道路就是故道。此道利用姜水河谷翻越秦岭到嘉陵谷道沿江南下经草凉驿、凤州、兴州、利州到益州。当时嘉陵江在徽县附近即可行船，所以古人由故道行至徽县即乘船入川，免去行走的鞍马劳苦，为了便于管理迁故道县治于现在的凤县两当交界之地，草凉驿成为故道县梁道乡。

草凉驿旧址是故道沿线保存下来唯一一处驿站，具有十分重要的历史研究价值。草凉驿老街，至今依然保存了清末民初的建筑风貌，仅街道路面硬化为水泥路，沿街两侧民居、商铺较多，村民均世居于此。老街沿线建筑个体保存情况较好，体现了当时的建筑风格，由此可知民国年间的草凉驿还十分繁华。据村中老人回忆：老街西口原有一座跨街式木楼，"文革"中被拆除。现今的草凉驿村西侧紧邻川陕公路，村中老街与公路相通，宝成铁路从老街南经过，交通便利。

南出草凉驿村，沿嘉陵江东岸，经胡基沟口，至簸箕湾，嘉陵江河由南折向西，流向变为东西向，向西行约2千米，便至五星台村（图一一三）。

第二章 故道干道及沿线遗迹

此段河谷较草凉驿狭窄许多，村庄均分布于河东岸，川陕公路穿村而过，宝成铁路亦沿东岸山根而行。西出五星台村，道路随即顺嘉陵江由西折向南，此段嘉陵江在其两侧山势包夹下，蜿蜒曲折，河谷狭长，宽70～90米，其间夹杂有几处河岸缓坡台地，村庄均置于这些台地上，宝成铁路多取直线，穿山架桥而过，川陕公路继续顺河东岸穿村而过，且距嘉陵江河面较高。

由五星台村向南行，经白家店村约3.8千米，便至永红村。

（三）永红村至凤州村

起点：永红村，N：34°01′34.5″，E：106°39′55.7″，海拔1084米；终点：凤州村，N：33°56′59.8″，E：106°37′09.8″，海拔1024米，全程大约11千米，行政区划属于凤县凤州镇。

由永红村南行，继续沿嘉陵江东岸而下，大约3.1千米，可到达荆稍湾村（图一一四），村庄位于嘉陵江东岸台地上，南北长、东西窄，东侧紧靠山根，川陕公路自北向南穿村而过，宝成铁路自村东侧山坡而行。西出荆稍湾村约1.2千米，到达王家坪村，嘉陵江由村西转折向南，由此向南河谷逐渐开阔，两侧山势也趋于缓和，南行约2千米，至白石铺村，此处河流平缓，河东岸地形尤为开阔，宽约500米，村庄均建于东岸，农田成片，人口密集。川陕公路、宝成铁路均相依而行，穿村而过，继续向南约2.5千米，到达凤州镇。

凤州镇位于凤县中部，嘉陵江与安河交汇形成的三角洲上，这里地势开阔平坦，河谷宽度约900米，滩多水浅，耕地成片，农业发达，人口密集，为凤县第二大乡镇（图一一五）。其西距双石铺镇约13千米，北离宝鸡约80千米，镇政府现驻龙口社区。川陕公路、凤（州）太（白）公路穿境而过，宝成铁路亦从镇东侧南北向纵贯而行，并建有凤州火车站，该站属三等站，停靠车次较多，客货运输方便，交通使利。

图一一四 荆稍湾村

图一一五 凤州镇远景

图一一六
凤州镇文庙

凤州镇系历史古城，自秦始在此设故道县，后一直为州、郡、县治所在地，在历经两千多年的漫长岁月中，先后更名为梁泉县、河池郡、南岐州、凤州。明洪武七年（1374年）降州为县，截至1951年6月，县城搬往双石铺之前，一直为凤县的政治、经济、文化中心（图一一六）。中华人民共和国成立之初设凤州市，旋改乡。1958年属超英公社，1959年隶属双石铺公社，1961年建凤州公社，1968年析建龙口办事处，1984年分别改龙口镇、凤州乡。1997年，撤销凤州乡、龙口镇，合并设立凤州乡；将原凤州乡的五星台村、永红村划归新设立的红花铺镇。2001年，撤销凤州乡、红光乡，合并设立凤州镇。

出凤州镇西南约2.5千米，到达此段终点凤州村。

二、沿线文物

本段涉及凤县黄牛埔、红花铺两个乡镇，嘉陵江自东北至西南方向穿过两镇。嘉陵江又称故道河，凤县地处嘉陵江上游，河谷开阔，自然条件较好，沿途村庄分布密集，文物遗迹丰富，特别是早期人类遗址数量多，其中包括陕西省重点文物保护单位的梁鹿坪遗址、凤州古城等，沿嘉陵江

图一一七
黄牛铺遗址标本

图一一八
黄牛铺遗址远景

两岸古遗址时代延续性长，上至新石器、商、周，下至两宋、明、清均有分布。

（一）凤县黄牛铺

本段故道沿线共发现不可移动文物20处，其中古遗址9处，古建1处，古墓葬3处，石刻7处。

1. 黄牛铺遗址（新石器时代）

位于黄牛铺村东北约300米嘉陵江北岸台地上，地势北高南低，呈阶梯状（图一一七、图一一八）。北依山梁，南临嘉陵江，西至老虎沟，东西长约200米，南北宽50米，面积约1万平方米，平面大致呈方形。在遗址区未发现明显文化层，仅在地表采集到少量新石器时代仰韶文化泥质红、灰陶片，器型有罐等。

2. 煎茶坪遗址（汉）

位于东河桥村四组北秦岭梁西约50米处的山岇间，现为岭南公园的一部分，川陕公路212省道从其东侧穿过，遗址所处地势略为开阔平缓地带，西、北两面山峰陡峭，东邻深沟。在山岇间有平面呈不规则的平台，南北长约90米，东西宽约60米，面积约5400平方米（图一一九、图一二〇）。地表采集有少量汉代绳纹板瓦、筒瓦和宋代瓷片以及明清时期筒瓦等残片。遗址西南有古井1眼，相传为汉代高祖刘邦入秦时曾在此取水煎茶。在遗址北部草丛中现存有石碾盘1个，无纪年，可能为明清时期

图一一九　煎茶坪遗址远景
图一二〇　煎茶坪遗址标本
图一二一　桥东遗址远景
图一二二　桥东遗址标本

之物。该遗址从现存遗物看，延续时间较长，特别是发现有汉代绳纹板瓦、筒瓦等建筑材料等，对于研究古陈仓道汉代人类活动等方面有重要价值。

3. 桥东遗址（汉）

位于东河桥村六组南约20米处的坡地上，嘉陵江支流在其东侧由南向北流过，地势南高北低，较为平坦。南距通村水泥路约50米，东距嘉陵江支流约80米，北距212省道约30米，西为耕地（图一二一、图一二二）。遗址平面略呈长方形，东西长约80米，南北宽约30米，面积约2400平方米。地表采集有汉代绳纹板瓦等建筑材料残片。该遗址对于研究凤县汉代人类活动等方面有一定的价值。

图一二三
鲍家庄遗址标本
图一二四
鲍家庄遗址远景

4. 鲍家庄遗址（宋）

位于黄牛铺村鲍家庄（自然村）东北约300米，遗址内地势平坦，北依鲍山岭，南距嘉陵江北岸约50米，东、西皆为耕地，平面略呈长方形，东西长约100米，南北宽约50米，面积约5000平方米（图一二三、图一二四）。地表采集有宋代陶罐、瓷碗残片。据当地村民讲述，此地常有铁箭头发现，鲍山岭上有防御寨子，传说鲍三娘和铁头太子曾守城于此。该遗址对于了解凤县宋金时期历史有一定参考价值。

5. 鲍山岭寨址（宋）

位于黄牛铺村鲍家庄自然村北约500米处鲍山岭上，鲍山岭突兀在嘉陵江右岸拐弯处，是1座独立的东西向小山梁。212省道从其西侧穿过，宝成铁路从其西部凿隧道而过（图一二五）。岭顶南北两侧十分陡峭，为岭谷断崖，岭东端向嘉陵江边逶迤延伸，略为低缓。岭顶较为平坦，东西长约100米，南北宽约15米，面积约1500平方米，平面大致成船形。寨址边沿略高出中心，北部残存寨墙一段，长约8米，高约0.7米。其上灌木丛生，暴露有零星块石。据当地村民讲，鲍山岭周围多年前经常发现铁蒺藜等物，《凤县县志》记载，南宋与金曾在和尚原、大散关多次交战，鲍山岭地处陕入川要道咽喉，推测此寨堡当为宋代军事堡寨遗存，对研究凤县宋代历史有一定价值。寨堡地面荒草丛生，有移动和联通通讯塔各1座。

6. 黄牛铺夯土台址（宋、金）

位于黄牛铺镇政府东约600米黄牛岭上，嘉陵江从其西侧蜿蜒而过，北、西、南三面为临谷断崖，唯东逶迤与群山相连，地势险要，其上视野开阔（图一二八）。据《凤县县志》载，该山岭形如奔牛，唐代称黄牛岭，五代称黄牛寨，南宋吴璘抗金，于此筑堡，称黄牛堡。山岭顶较平缓，东西长约200米，南北宽5～10米，形如扁舟。在岭顶中部有一方形台址，现存残高约3米，边长约3.5米，截面面积约10平方米。台址为黄土夯筑而成，平夯，土质较坚硬，夯层厚0.1米，推测应为宋金时期陈仓古道上的通信设施。此遗址对于研究凤县宋金时期的军事防御设施有一定的价值。

7. 佛殿沟石佛殿遗址（清）

位于石尧铺村三组北1500米场房沟河东岸山坡上。原有清代庙宇三间，现已被拆除。庙址东依山脚，西临场房沟河，北临小溪，南北长10米，东西宽8米，面积80平方米（图一二七）。庙址上散见屋脊、板瓦等建筑材料，并有砂质方形碑座、石炉盘各1件。据村民刘玉芳讲，原有石碑3通，早年村上建水磨坊时被利用。1998年村民在原址新建砖木结构人字梁三间瓦房，供奉石造像6尊，为一佛二菩萨二弟子等，风格有清代风格特征。

8. 东河桥村三官庙址（民国时期）

位于东河桥村六组南约300米处的山坡上，嘉陵江支流在其东侧由东向西流过。北距东河桥村六组约300米，南为山体，西为沟壑。原庙已毁废，现存庙址坐北面南，面阔三间，南北长约10米，东西宽约6米，面积

图一二五
鲍山岭寨址远景

约60平方米（图一二八）。当地村民于2002年在旧址上新建有砖木结构瓦房三间，内供奉三官塑像，屋内存有碑刻1通。碑刻为花岗岩质地，身首一体，长方形座，碑身通高1.5米，宽0.67米，厚0.14米，座长0.79米，宽0.55米，高0.44米。正文6行，满行38字，楷书，记述了南安沟建有三官庙由来已久，其庙风雨飘摇，庙基坍塌，后里人募资重修之事。无年款，推测碑刻年代为民国时期。庙院存有石炉盘1件，2006年新刻石碑1通，记述了该庙创修于清代以及修庙过程。

9. 秦岭梁碥道遗址（不详）

位于东河桥村北约1500米处的秦岭梁顶端南坡上，为嘉陵江源头，地势北高南低，呈陡坡状。碥道为南北向，宽约1.3米，长约40米（图一二九）。用较宽平的碥石铺砌成踏步，踏步宽0.25~0.3米。该碥道对于研究陈仓古道交通状况等方面有一定的价值。现为荒坡，杂草丛生，

图一二六
黄牛铺夯土台址近景

图一二七
佛殿沟石佛殿遗址远景

图一二八
东河桥村三官庙址近景

图一二九
秦岭梁碥道遗址近景

但仍可看到宽约1.3米、长约35米的碥道。碥道北约5米处立有凤县与渭滨区界碑1通。

10. 宽滩村徐公夫妇墓（清·道光六年，1826年）

位于三岔河村宽滩（自然村）西约50米处的菩萨庙南侧，三岔河在其北侧由西北向东南流过，属秦岭中低山区（图一三〇）。西距山根约5米，北距菩萨庙约10米，东距宽滩村（三岔河八组）约50米。墓冢早年已夷平，仅保留墓碑1通，倒置余宽滩村菩萨庙前。墓碑呈长方形，失座，石灰岩质地，通高0.9米，宽0.5米，厚0.12米。碑身中题"徐公……母袁孺人之墓"，道光六年（1826年）九月子立石。该墓葬对于了解凤县清代葬俗等方面有参考价值。墓冢早年已夷平，仅保留墓碑1通，倒置余宽滩村菩萨庙前，字迹有漫漶现象。

11. 红石窑清墓（清·道光二十六年，1846年）

位于三岔河村兴隆湾（小地名）西北约100米处的清风寺沟河南岸山根，为秦岭中低山区，地势呈陡坡状。东南距清风寺村约3000米。墓葬坐南向北，为一石室墓（图一三一）。石室长5.5米，宽2.5米，高出地表2.2米，用条石砌筑，墓室后端紧靠山体，前端立四柱三间庑殿顶石碑楼，高2.5米，宽2.65米，碑楼顶部脊饰构件掉落于碑楼前方，柱刻墓联3副，内嵌道光二十六年（1846年）墓碑3通，碑文记述了墓主人刘性瑜及妻柴氏生平。

12. 宽滩村观音庙（清·咸丰四年，1854年）

位于三岔河村宽滩西约50米，三岔河在其北侧由西北向东南流过，属秦岭中低山区（图一三二、图一三三）。坐西向东，面阔三间11米，进深9米，五架梁，前檐带单步梁，前后檐均有明廊，土坯墙，青砖包墙头，

图一三〇 宽滩村徐公夫妇墓远景

图一三一 红石窑清墓

墙头上有砖雕，硬山灰瓦顶，四开扇隔扇门，直棂窗，东山墙内壁有壁画模糊不清，大致可辨为"三国演义"故事图案。殿前檐现存有咸丰四年（1854年）残碑1通。该建筑对于研究凤县清代建筑技术及民众信仰等方面有一定价值。屋面已被当地村民补修，梁架、墙体仍保留原有风貌，原作为学校教室使用，屋内壁画破坏严重。

13. 黄牛铺村罗先元墓（清·同治五年，1866年）

位于黄牛铺村一组西北约300米嘉陵江北岸山坡上，墓冢早年被夷为平地，现为耕地（图一三四）。距墓地西南约20米处有太白金星庙1座，庙内东偏殿前檐下存石碑1通，其上记载与庙宇有关历史，并详记庙内主

图一三二
宽滩村观音庙近景

图一三三
宽滩村观音庙梁架

图一三四
黄牛铺村罗先元墓远景

持川籍人罗先元身居鳏夫，伶仃孤苦，漂居该庙，自置坡地，施舍庙内，以资香烛钱。同治五年（1866年），罗先元病故，时年68岁。乡保同五社会首等公议，将罗葬于太白金星庙东侧。

14. 社铺石造像（明）

位于石尧村委会西北约3.2千米处佛殿沟东侧半山上，原寺毁废（图一三五）。在村民新建的石佛庙内供奉石造像5尊，均系石灰岩质，存石造像5尊，题材为一佛二菩萨二弟子。佛像坐姿，像高0.67米，肩宽0.28米，底座长0.58米，宽0.58米，高0.42米。螺髻，双耳垂肩，额间有白毫相，披袈裟，袒右胸，右手着钏，结跏趺坐于仰覆莲花座上，下加须弥形方座，须弥形方座正面雕二力士。文殊菩萨，坐姿，像高0.67米，肩宽0.25米，须弥形底座长0.59米，宽0.39米，高0.38米。头戴宝冠，额间有白毫相，身着袈裟，颈部饰有璎珞，结跏趺坐于须弥形座上，座面雕有覆莲，正立面雕象首。普贤菩萨，坐姿，像高0.69米，肩宽0.25米，须弥形底座长0.59米，宽0.42米，高0.33米。头戴宝冠，额间有白毫相，身着袈裟，颈部饰有璎珞，结跏趺坐于须弥形座上，座面雕有覆莲，正立面雕狮首。文殊与普贤的底座错位，二弟子均为立姿，身着袈裟，双手合十，下衣大摆覆脚，站立于仰覆莲座上，通高约0.9米，从面相看当为迦叶、阿难。五件造像雕刻细腻，组合完整，从雕刻风格看，有明代特征。五尊佛像现存放在石佛寺内，其中普贤菩萨的头被盗，现为后人补修。

15. 佛殿沟石造像（清）

位于石尧村委会西北约3.2千米处佛殿沟东侧半山上村民新建的石佛庙内（图一三六）。石灰岩质，正襟直坐于方座上，底座为村民用水泥补

图一三五　社铺石造像近景

图一三六　石佛庙近景

配。像高0.4米，肩宽0.16米。头戴方冠，身着长袍，胸间饰御带。该造像雕刻细腻，较为完整，具有清代道教造像风格，为研究凤县清代民众宗教信仰等方面有参考价值。

16. 宝鸡县西南界碑（清）

位于黄牛铺村四组磨房前街道水沟上，石灰岩质，身首一体，座失（图一三七）。现作为水沟上桥面使用。通高1.34米，宽0.67米，厚0.19米。碑身正中有楷书"宝鸡县西南界"六字，左下方有"龙定□立"三字。根据当地村民讲，该碑为清代所立，早年倒置村口路旁。该界碑对研究清代凤县地域，特别是凤县与宝鸡县地域分界等方面有重要价值。

17. 凤县南界碑（清·嘉庆十一年，1806年）

位于黄牛铺村四组磨房前街道水沟上，花岗岩质，失座，现作为简易桥面（图一三八）。通高1.19米，宽0.65米，厚0.16米。碑身正中题"凤县南界"，0.25米×0.25米见方，右署"嘉庆十一年（1806年）四月吉日立"，楷书。因该碑长期踩踏，文字漫漶不清，特别是"凤""南"二字。该碑对研究清代凤县地域边界等方面有重要价值。黄牛铺一带因是凤县北界所在地，该石碑在此发现，令人不解。

图一三七
宝鸡县西南界碑

图一三八
凤县南界碑

18. 宽滩村忠侯寺产界碑（清·咸丰四年，1854年）

位于三岔河村宽滩（自然村）西约50米处的菩萨庙北山墙前，三岔河在其北侧由西北向东南流过，属秦岭中低山区（图一三九）。花岗岩质地，失座，碑身下半部残，残高1米，宽0.75米，厚0.16米。圆首，上题"皇清"二字，碑题"忠侯寺产界碑"，正文9行，楷书，文字模糊不清，难以辨认，从断续文字可知忠侯寺原有地产四至等情况，咸丰四年（1854年）立石。该碑对于了解凤县清代宗教等方面，特别是忠侯寺的历史有一定价值。

19. 秦岭标志碑（1939年）

位于东河桥村北秦岭梁顶212省道东约3米处，花岗岩质地，呈竖长方形，碑座埋入地下，形制不详（图一四〇）。通高1.27米，宽0.77米，厚0.19米。正中题楷书"秦岭"二字，右署"民国二十八年（1939年）冬"，左署"宋希尚题"，碑身背面光素。该碑对于了解川陕通道等方面有一定价值，且碑刻字体丰厚雄健，有较高的书法艺术价值。现立于212省道秦岭梁顶路旁，碑下端埋入土中，右署年款"民国"二字模糊不清。保存现状一般。

20. 东河桥村石龛（不详）

位于东河桥村四组东北约1000米处的沟谷崖壁上，崖壁上方为212省道（图一四一）。崖壁为花岗岩，石龛面东，由北向南排列两龛（依次为1号、2号），两龛间距1.2米。1号龛高1.23米，宽0.9米，进深0.5米，顶微

图一三九
宽滩村忠侯寺产界碑

图一四〇
秦岭标志碑近景

图一四一
东河桥村石龛近景

呈弧形，龛口外两边立面上各凿有一圆形檐榫孔，孔径0.15米，深0.2米。2号龛高1.2米，宽0.9米，进深0.8米。顶微呈弧形，龛口外两边立面上各凿有一圆形檐榫孔，孔径0.15米，深0.2米，龛外两侧平面上各有一圆形柱孔，孔径0.15米，深0.2米，龛底正中凿有一长方形底座，长0.28米，宽0.2米，高0.6米，推测可能座上原有石造像，龛壁可见人工凿痕。龛外下方有简陋踏步可从沟底上下攀爬。两龛内佛像已失，现存有龛檐榫孔、立柱等凿孔。保存现状较差。

（二）凤县红花铺

本段故道沿线共发现不可移动文物12处，其中古遗址7处，古建1处，古墓葬2处，石刻2处。

1. 蒋家沟遗址（新石器时代、春秋）

位于草凉驿村蒋家沟（自然村）北约10米处的嘉陵江西岸二级台地上，地势西北高、东南低，呈阶梯状。东、南紧接村庄，西、北紧依山脚（图一四二、图一四三）。遗址平面呈不规则形，东西长约200米，南北宽约80米，面积约16000平方米。在遗址采集有新石器时代仰韶文化半坡晚期泥质红陶、夹砂灰陶、夹砂褐陶残片，可辨器型有甑、罐等；还有春秋时期夹砂褐陶釜等陶器残片。该遗址对于研究凤县境内新石器时代及东周时期聚落分布、文化特征等方面有一定的价值。

2. 庙湾遗址（新石器时代、宋）

位于魏家湾村庙湾（自然村）西南约50米处的嘉陵江南岸二级台地上，地势南高北低，呈阶梯状（图一四四、图一四五）。东为川道，西、南紧依山脚，北邻嘉陵江。遗址平面呈不规则形，东西长约100米，南北宽约80米，面积约8000平方米。遗址内未见文化层，地表可见零星陶片，采集有新石器时代仰韶文化的夹砂褐陶、泥质红陶罐和宋代陶瓮、罐等陶器残片。该遗址对于研究凤县境内新石器时代以及宋代聚落分布、文化特征等方面有一定的价值。

3. 寺村遗址（新石器时代）

位于白家店村柏林寺（自然村）西南约100米处的嘉陵江北岸台地上，

图一四二
蒋家沟遗址标本

图一四三
蒋家沟遗址远景

图一四四
庙湾遗址标本

图一四五
庙湾遗址近景

图一四六 寺村遗址近景
图一四七 寺村遗址标本

地势西北高、东南低（图一四六、图一四七）。北紧邻通村水泥路，南距嘉陵江约150米，东为缓坡，西至山根约200米。遗址平面呈不规则形，东西长约100米，南北宽约60米，面积约6000平方米。采集有新石器时代龙山文化的夹砂灰、褐色陶器残片，纹饰有绳纹、篮纹等，可辨器型有罐、鬲等。该遗址对于研究凤县境内新石器时代聚落分布、文化特征等方面有一定价值。

4. 永红遗址（商）

位于永红村五组西北约200米处的嘉陵江东岸台地上，嘉陵江由西北向东南流过，为山间盆地，遗址西、南两面低缓（图一四八、图一四九）。南距嘉陵江约40米，东南距永红村五组约200米。遗址平面略呈长方形，南北长约80米，东西宽约60米，面积约5000平方米。遗址中部的公路东侧断面上暴露有灰坑1座（H1），呈不规则形，口宽约3.5米，深约3米，坑口距地表约2米，内包含物较少，采集有商代夹砂、泥质灰陶、褐陶片，纹饰为细绳纹，可辨器型有高领圆肩罐、尖底罐、陶鬲等。该遗址为凤县境内首次发现的商代遗址，对于研究商代聚落分布、文化特征等方面具有重要价值。212省道从遗址中心穿过，公路两侧的台塬上为耕地，种植有玉米等农作物。

5. 殷家庄圣母庙遗址（清）

位于白家店村殷家庄（自然村）东北约100米处的山峁上，嘉陵江在此呈"几"字形，遗址北、东、南三面临江，山峁地势平坦。遗址平面呈长方形，东西长约15米，南北宽约12米，面积约200平方米（图一五〇）。原庙已毁，现庙址上有新建房屋三间，坐东面西。存清代道光十六年（1836年）白家店九天圣母碑1通，石灰岩质地，身首一体，龟

图一四八 永红遗址标本
图一四九 永红遗址近景

座,碑通高1.6米,宽0.74米,厚0.12米;龟座宽0.84米,高度不详。碑首高浮雕"二龙戏珠"图案,额题楷书"皇清"二字,碑题"凤邑白家店二□□碑",记载"……九天圣母白大将军累次祈祷尝霖甘露,十分灵验……"等语,正文5行,字迹漫漶不清,大略可知记述了清代道光年间村人募化修庙及布施人姓名,撰文人不详。该遗址及碑刻对于了解凤县清代寺庙名称位置等方面有一定的参考价值。

6. 天台寺遗址（清）

位于红花铺村三组西北约2500米处的山峁上,西北依高山,西南邻西沟河,其余三面均为深沟（图一五一）。庙址平面呈长方形,南北长约35米,东西宽约30米,面积约1050平方米。原为四合院结构,有正殿、献殿、僧房等建筑。20世纪60年代遭到毁坏,现仅存民国三十年所建关帝殿1座,清代同治六年、光绪二十八年、光绪三十年碑刻3通。碑刻均为砂岩质地,身首一体,文字漫漶不清,记载天台寺道光、同治年间重修事宜及四至地界等。同治六年（1867年）碑失座,通高1米,宽0.46米,厚0.1米;光绪二十八年（1902年）碑失座,通高1.15米,宽0.62米,厚0.21米;光绪三十年（1904年）碑通高1.37米,宽0.78米,厚0.14米,碑座长0.9米,宽0.5米,高0.26米。该庙址对于了解凤县地区清代民众宗教信仰及天台寺历史沿革等方面有一定的价值。

7. 长桥栈道遗址（不详）

位于永生村（原长桥村）一组东南约500米处,分布于嘉陵江东岸石崖上,东靠山崖,崖上为宝成铁路49号隧道,崖下212省道沿嘉陵江东岸修筑（图一五二、图一五三）。栈道为西北东南走向,全长15.41米,距河面高

图一五〇 殷家庄圣母庙遗址近景
图一五一 天台寺遗址近景

12米。原有方形栈孔10个，孔距1～3.5米，孔边长0.37米，深0.37米。本次普查只发现栈孔8个，另外2个栈孔全被荒草淹没。该栈道是故道遗址凤县境内的一段，对于研究陈仓古道，特别是嘉陵江上游道路史等方面有重要价值。石崖上有保护标志碑1通，栈孔、标志碑全被荒草淹没，栈孔有风化现象。

8. 天台寺僧人墓塔（清·道光二十八年，1848年）

位于红花铺村三组西北约2500米处的山岇上（图一五四）。墓塔为石作，砂岩质，塔身、座呈六角形，共三级，有塔刹，通高3.1米，座高0.55米，边长0.57米。塔身由十个整块构建套合而成，下大上小，每级有出檐，檐角微翘。第一层三面有塔铭，为"曹洞宗第三十一代真心道亿老和尚宝塔位"及其徒弟、信士名称，并载有诸山寺庙法师参与赞助之事等，年款为大清道光二十八年（1848年）十月。第二层正面辟龛，内雕一坐佛。第三层每面各刻一字，绕塔一周为"南无阿弥陀佛"六字。塔刹为葫芦形，塔座用条石砌筑，重叠两层。该塔整体较为完整，有明确纪年，对于研究凤县地区宗教史及僧人葬俗等方面有一定价值。

9. 五里庙僧人墓塔（清·同治十年，1871年）

位于魏家湾村五里庙（自然村）陈继财家北侧，处在山前小台地上（图一五五）。南紧邻五里庙村陈继财家山墙，北距212省道约100米。砂石质石塔，残高2.7米，基座为正方形，用条石砌筑，边长1.6米。塔身平面为六角形，共四级，下大上小，每层有出檐，檐角微翘，棱角分明，顶置仰覆莲座，刹已无存。第一层六面均有铭刻，主要记述了大和尚孙口祖籍、生卒年月等事，并载有广佛、景禅、清风等16个寺庙法师姓名和诗文；诗文为：惠犹星斗现，公同日丹悬，禅院通云理，师范和人天，周法真渺界，身心获大千。第二层一面（西北）有铭刻，字迹漫漶不清。第三

图一五二
长桥栈道遗址远景
图一五三
长桥栈道遗址栈孔

层面西，下檐设一竖龛，内刻同治十年（1871年）"圆寂恩师慧公大和尚之塔"铭；龛楣、框雕饰蝙蝠5只，神态各异。龛额作成斜翘遮檐式，其上镌文曰："万法归正宗，明心见性通，寂光如秋高，出世破愚蒙。"第四层绕塔一周刻有"南无阿弥陀佛"。同治十年建塔，石匠为四川巴州严子发。该墓塔结构灵巧，塔铭记载历史信息较多，对研究凤县地区宗教文化等方面有较高的历史和艺术价值。

图一五四
天台寺僧人墓塔远景

图一五五
五里庙僧人墓塔远景

10. 天台寺关帝殿（1941年）

位于红花铺村三组西北约2500米处的台塬上，西北依高山，西南邻西沟河，其余两面均为深沟。坐西南面东北，面阔五间16米，进深三间8米，五架梁，前檐有明廊，后檐带有单步梁，土坯墙，硬山灰瓦顶，五脊，施有吻、兽（图一五六、图一五七）。明间和两次间前檐均为隔扇门，门上为木装板，两梢间前檐用墙体封闭，门相向侧开于明廊下。明间门楣装板上有横排篆书"精忠万古"四个大字，右侧题楷书"创修殿宇"，左署"民国三十年（1941年）菊月十日完工"题款，下方署有总经理王德有、会首徐万方、伍修珊等35人姓名。檩、枋、廊柱、门及装板均用朱漆彩绘。两山墙内壁上施有壁画，为通景式三国历史故事人物画。北壁有12幅故事，从上而下排列榜题有：太师酣斗小霸王、国贼行凶杀贵妃、董国舅内阁受诏、白门楼吕布殒命、屯土山关公约三事、允三章关公投曹、博望坡军师初用兵、吕奉先辕门射戟、汉寿侯五关斩六将、董太师大闹凤仪亭、张翼德大闹长坂坡、祢正平裸衣骂曹等；南壁从上而下排列榜题有：关美髯义释黄汉升、庞统巧受连环计、斩蔡阳兄弟释疑、阚泽密献诈降书、玄德南漳逢隐沦、玄德位进汉中王、七星坛诸葛祭风、献密计黄盖受刑、宴长江曹操赋诗、赵子龙单骑救主等。南壁画面左下方署"民国三十年（1941年）九月完工 木邑李作梁敬绘"落款。根据门楣装板上文字和壁画落款，该建筑及壁画年代当为民国时期。整个壁画场面宏伟，气势磅礴，人物众多，其技法采用淡青金，人物面部、服饰及兵器刃部采用凸现金属起彩等手法，立体感强，颇有艺术价值。该座殿宇建筑形式一般，但室内壁画精美且保存较为完整，纪年、作者明确，对于研究凤县民国时期民间壁画艺术等方面均有较高价值。屋面、屋脊有残损，墙体及台基有裂缝，壁画有脱落现象。

图一五六
天台寺关帝殿近景

图一五七
天台寺关帝殿壁画

11. 重修龙王庙碑（清·嘉庆二十二年，1817年）

位于草凉驿村龙王沟（自然村）东北约6000米处的山坡小路旁，庙毁圮（图一五八）。存石碑楼1座，高1.68米，宽1米。内嵌碑1通，高1.37米，宽0.82米。嘉庆二十二年（1817年）立。碑文楷书，记载本地龙王庙屡屡祈雨灵验及重修事。该碑对于了解凤县清代民众宗教信仰及龙王庙历史沿革等方面有一定价值。碑楼树立于龙王沟村东北约6000米处的山坡小路旁，附近很少有村民，碑体有多处裂纹，字迹漫漶不清。

12. 洪林寺功果碑（清·道光十一年，1831年）

位于永生村一组东北约300米处的水泥路旁（图一五九）。花岗岩质地，身首一体，圆首，失座，通高1.8米，宽0.7米，厚0.15米。碑首楷书题"功果永垂"4字，正文7行，满行32字。碑文记述了洪林寺的沿革、修缮的过程以及布施人的姓名及钱两，道光十一年（1831年）立石，撰书人姓名不详。该碑刻对于了解凤县清代民间宗教信仰以及洪林寺历史沿革等方面有一定的参考价值。

图一五八
重修龙王庙碑近景

图一五九
洪林寺功果碑近景

第三节

凤州村至龙家坪村

由凤州镇凤州村至双石铺镇马岭关，此段道路全长约25千米，行政区划隶属于凤县双石铺镇。双石铺镇位于凤县西部，现为凤县人民政府驻地。城镇地处小峪河与嘉陵江汇流处（图一六〇），东、西、南、北四面环山，主要山脉呈东西走向，地势东北高，西南低。以嘉陵江为轴向西南拓展，具有山谷、河川兼备的山间盆地的特点。全镇分为东南、西北两街区。

双石铺历史悠久，北魏时称困冢川，北宋称方石镇，明、清称方石铺，民国时改称双石铺。民国初年，镇内仅有嘉陵江南岸一条街道，店铺错杂两旁，多为简陋茅屋瓦舍。每月二、五、八为集日。七七事变后，随着宝汉公路的开通，因交通方便，利于防空，战时物资过往频繁，军政机关如经济部、财政部、军政部及省、区、县30个单位于此设立派出机构，并设有军事委员会宝双段轻便铁道双石铺车站、国际招待所、私立西北高级机械科职业学校等。中国工业合作协会西北办事处在双石铺设事务所，办有机器、纺织合作社等17个企业和培黎学校、工合医院、招待所，使双石铺成为工合西北区的实验中心。1951年6月，县城由凤州迁至双石铺。

图一六〇
嘉陵江流域凤州段

双石铺镇身处秦岭腹地，海拔943~1767米，光热条件不足，降水集中、分布不均，冬季不严寒，夏季无酷热，是凤县主要的经济作物种植区，盛产花椒、药材。其工业以矿产开发为主，已成为镇域经济的一大主导产业。双石铺镇交通便利，宝成铁路横贯东西，川陕公路、316国道穿越全境，县、乡、村三级公路网络布局合理。南通巴蜀，东北接关中，西连甘肃，是陕、甘交通枢纽，为凤县政治、经济、文化、交通中心，是秦岭南麓一座新兴山城。

故道在双石铺镇境内沿嘉陵江北岸向西而行，经草店村，翻越马岭关隘口至甘肃两当县。马岭关旧时为凤县西大门，扼守陕、甘通道。顺河谷西出马岭关，沿红崖河折向西北，经关底下、何家坪、张家窑、止于龙家坪村。故道由此向西入甘肃经两当、徽县，进入陕西略阳、勉县、到达汉中。秦始皇二十六年（前221年），设故道县，治所就设在张家窑与龙家坪之间，隶属陇西郡，辖今两当、凤县全境及留坝、太白大部。《汉书地理志汇释》载："故，同妨，本作故；道，导也。县南之三道河，东北对嘉陵江，即《水经注》之故道水，像女子仰卧，据首举手，有所道也"[1]，故道县以此得名。西汉元鼎六年（前111年）属武都郡；北魏延兴四年（474年）为故道郡治；太和元年（477年）废。

一、古道道路遗迹

起点：凤州，N：33°57′02.1″，E：106°37′00.1″，海拔1024米；终点：张家窑，N：33°54′44.7″，E：106°26′06.7″，海拔978米，全程大约25千米，行政区划属于凤县凤州、双石铺镇。

凤州古城（今凤州村）修筑于嘉陵江、安河交汇处形成的冲积平原上（图一六一~图一六四）。这里河岸宽约1千米，滩缓水浅，土地肥沃，人口密集，农业发达，自唐以后为凤县治所所在，村庄周围至今尚存部分城垣遗迹，村内街道整肃，保存有大量清末民国初年的古建及商铺。

据唐诗人王勃《晚留凤州》一诗中"此去近城阙"句，可证明唐时凤州即建有城垣。后多有兴废。元至正二十八年（1368年），平章蔡均又重修，城垣范围"南跨南岐，北邻故道河"[2]。元末城垣毁于战乱。明嘉靖十九年（1540年）、万历二年（1574年）、清顺治十一年（1654年）均有修葺。乾隆二十八年（1763年），知县王廷均又重修。修后城垣周长4里3分，高2丈5尺，顶宽1丈5尺，城上有砖垛848堵，每堵长8尺5寸；东、西、北门台城上各修城楼1座，共计花银16668两5钱。以后嘉庆、咸丰、同治、光绪年间，都做过修补。中华人民共和国成立初期，此城犹存。1958年城墙被挖洞建小铁炉，城楼亦被拆毁。以后，附近村民挖城取土，古城墙遂彻底破坏。

[1] （清）吕吴调阳：《汉书地理志详释》，《史记两汉书三史补编·第三册》，北京图书馆出版社，2005年，第40页。

[2] 高颖：《宝鸡地区清代城市地理述论》，天津师范大学，2014年，第48页。

第二章　故道干道及沿线遗迹

图一六一
凤州古城远景

图一六二
凤州城址南部城墙

图一六三
凤州古城街道

图一六四
凤州村西北消灾寺

出凤州村西南约2.5千米为桑园村（图一六五），此处河岸东侧二级台地宽约660米，土地肥沃，耕地连片，人口密集，川陕公路穿村而过，宝成铁路位于东侧坡根。出桑园村，经1.5千米至鲜家湾，继续向西南方向前行，大约3.5千米，便至槽头坪村，川陕公路、宝成铁路继续沿嘉陵江东岸而行，由槽头坪向西南约2.6千米，可达到双石铺镇。

双石铺现为凤县人民政府驻地（图一六六）。城镇位于小峪河与嘉陵江汇流处，北依丰禾山，嘉陵江将全镇分为东南、西北两街区。东南处河谷地势平坦，为老街区。西北处半坡高地属新建城区。北魏称困冢川，北宋称方石镇，明、清称方石铺。因老街嘉陵江岸，一石"双峰逼水依土"，历年江水暴涨未被淹没，人谓此石有镇水护岸之祥，民国初改称双石铺。

双石铺是故道上一处重要的递铺驿站，南通巴蜀，东北接关中，西连甘肃，是陕、川、甘三省交通枢纽。由于小峪河、嘉陵江交汇处于此，其南北两岸台地平坦开阔，宽约700米，河道水量充沛。旧时方石铺（今双石铺）嘉陵江无桥，于光绪十五年创建官渡，造船两艘，往返摆渡，不索渡资。民国初，双石铺镇仅嘉陵江南有一条街道，道路弯曲狭窄，均为土路，遇到天雨，泥泞难行。屋舍为瓦房和茅屋草舍。街区无排水设施，雨水、污水主要靠街两侧小沟排放。无供水设施，居民主要饮江水、井水或泉水。街道无照明设施，居民照明全靠油灯。中华人民共和国成立后，凤县人民政府搬迁至此，经过多年建设，现在的双石铺已经变为秦岭山中一处风景美艳的现代化山城，成为凤县的政治、经济、文化和交通中心。

西出双石铺约4.1千米，可至草店村（图一六七）。此地原为草店乡，此处为嘉陵江北岸一处宽约380米的河岸台地，村民住户居住集中，撤乡并镇后归属双石铺管辖，凤县至两当县公路穿村而过，顺嘉陵江北岸西行，出草店村向西顺北侧山坡而上约1.7千米，便至马岭关上。

马岭关古时亦名白马关，为旧时县境之西大门，是一处重要的军事关隘（图一六八）。南宋吴玠于此修筑马岭关堡，扼凤州之西，以拒金兵。

图一六五
桑园村远景

图一六六
双石铺镇全景

第二章　故道干道及沿线遗迹

五代周显德二年（955年）王景入散关，进攻蜀的秦州，蜀将李廷珪遣将据守马岭关。清同治元年（1862年）九月，太平军首领郭三纲率众数千，自双石铺抵关，破马岭关清守军，占领甘肃省两当县之杨家店。现关隘古堡已毁，尚有村民住户居住于此，随着凤县至两当公路的开通，已无昔日的繁华。

马岭关为南北向凹字形隘口，修筑于高约200米的山梁之上，犹如一道石门横亘于故道之上，其下东、南、西三面环水，为红崖河与嘉陵江交汇处，由于地形险峻，易守难攻，故道东西向穿马岭关经西关侧山坡下的关底下村（图一六九），向北沿红崖河东岸的张家窑可至甘肃两当县，是故道一处重要的节点（图一七〇）。故道之所以经马岭关西出，是由于其地形所限，红崖河与嘉陵江在此交汇形成一个"Y"字形夹角，即为灵官峡（图一七一）。此处为两河交汇水深且流速湍急，对两岸冲刷严重，河谷狭长曲折，容易造成河水下泄不利导致洪水频发，且两侧山势高耸，河岸陡峭，修建道路难度很大，以古代的筑路技术尚不能达到。即便要顺河通行，不但要削凿崖壁修筑路基，而且还要在嘉陵江、红崖河上架设桥

图一六七
草店村远景

图一六八
马岭关远景

图一六九
关底下村远景

图一七〇
红崖河西岸华家岭至双石铺公路

167

168

169

170

图一七一
灵官峡两河交汇处

图一七二
灵官峡内公路、铁路

图一七三
华家岭至双石铺公路进入两当县境内

梁，取道红崖河时还需逆流而上，其总路程大约为7.3千米（图一七二）。比经草店村、翻越马岭关、至张家窑的路程远1倍还多。而马岭关东、西两侧皆为缓坡，中部下凹，易于通行，且路程较为捷径，仅约3.3千米便可至陕甘交接的张家窑村，路程大幅缩短（图一七三）。灵官峡内的华（家岭）双（石铺）公路，为1938年由陕、甘两省建设厅分段建筑，此路顺嘉陵江河北岸经红崖河逆流而上，凿山修路，从凤县双石铺至甘肃省两当县杨家店境内，长约15千米。中华人民共和国成立后，亦沿此路不断加固拓宽，至1973~1976年，铺筑渣油路面，达到3级公路标准。

二、沿线文物

本段包括凤州、双石铺两个乡镇，其中双石铺镇由原草店乡和双石铺乡合并设，现为凤县人民政府所在地，嘉陵江由东北至西南方向贯穿城镇，河面较宽，两岸村庄分布密集，人口众多，早期人类遗存也较为丰富。

（一）凤县凤州镇

本段故道沿线共发现不可移动文物36处，其中古遗址16处，古墓葬8处，古建筑6处，摩崖题记及石刻6处。

1. 白石铺遗址（新石器时代）

位于凤州镇白石铺村一组东南约50米处的嘉陵江东岸的二级山前台地上（图一七四、图一七五）。GPS：N：33°59′16.2″，E：106°39′35.1″，海拔1068米。遗址南、北为山前阶地，东依高山，西至断崖。遗址平面呈长方形，南北长约50米，东西宽约40米，面积约2000平方米。在遗址区内未发现文化层和灰坑，仅在地表采集有仰韶文化的陶钵、陶罐等残片。白石铺遗址为研究凤县新石器时代仰韶文化提供了实物资料。

2. 郭家湾遗址（新石器时代、西周）

位于凤州镇白石铺村三组（郭家湾）西南约500米处的嘉陵江东岸的二级台地上（图一七六、图一七七）。GPS：N：33°58′26.1″，E：106°38′49.9″，海拔1026米。遗址平面呈不规则形，南北长约350米，东

图一七四
白石铺遗址标本

图一七五
白石铺遗址近景

图一七六
郭家湾遗址近景

图一七七
郭家湾遗址标本

西宽约200米，面积约70000平方米。在遗址区西南侧断崖上发现袋状灰坑1座，口宽1.4米，深1米，开口距地表约1.6米。坑内土质松散，呈红褐色，内含灰土、红烧土块和少量陶片。灰坑东北约2米处发现陶窑1座，呈小口瓶状，开口距地表约0.5米，宽0.45米，高约0.6米，窑壁厚约0.12米。应为陶窑的烟道部分。采集有仰韶文化的陶罐、陶钵残片，西周时期的陶鬲残片，纹饰有绳纹。1955年曾发掘600平方米，揭露灰坑23个、陶窑1座，属于仰韶文化和龙山文化遗存[1]。

3. 梁鹿坪遗址（新石器时代、西周）

位于梁鹿坪村东北约20米的安河、嘉陵江交汇二级台地上，处山间盆地边缘（图一七八、图一七九）。GPS：N：33°57′14.2″，E：106°38′05.0″，海拔1020米。遗址东至田地断坎，南至安河约200米，西邻212省道，北至小路。遗址平面呈长方形，南北长约400米，东西宽约150米，面积约60000平方米，遗址未发现灰坑和文化层，地表分布有较多陶片，陶片以泥质红陶居多，灰陶次之。采集的标本有新石器时代仰韶文化半坡晚期的尖底瓶、钵，西周时期的灰陶罐等。梁鹿坪遗址面积较大，时代跨度长，内涵丰富，对研究凤县安河、嘉陵江流域新石器、西周文化有重要价值。该遗址1992年被公布为陕西省文物保护单位，也是凤县唯一的省级文物单位。

4. 桑园遗址（新石器时代、西周）

位于凤州镇桑园村二组西约50米处的嘉陵江南岸的二级台地上，地势平坦（图一八○、图一八一）。GPS：N：33°56′33.0″，E：106°35′39.3″，海拔1029米。遗址平面呈不规则形，东西长约400米，南北长约200米，面

[1] 刘启益、杨建芳：《凤县古文化遗址清理简报》，《文物参考资料》1956年2期，第34～41页。

图一七八　梁鹿坪遗址标本
图一七九　梁鹿坪遗址远景
图一八〇　桑园遗址标本
图一八一　桑园遗址远景

积约80000平方米。未发现文化层和灰坑，地面采集有新石器时代仰韶文化半坡类型的尖底瓶、陶钵等残片，西周时期的陶罐等残片，纹饰有划纹、绳纹等。桑园遗址为研究凤县新石器时代仰韶文化提供了实物资料。

6. 太山庙村遗址（新石器时代、西周）

位于凤州镇龙口村太山庙（自然村）西约50米处的嘉陵江东岸的二级台地上，地势东高西低，呈缓坡状（图一八二、图一八三）。GPS：N：33°57′23.0″，E：106°38′00.5″，海拔1020米。遗址平面呈长方形，南北长约80米，东西宽约50米，面积约4000平方米。遗址区内未发现明显文化层。在南北向断崖上发现灰坑2座（编号H1、H2）：H1呈袋状，开口距地表约0.7米，口宽约0.8米，底宽约1.2米，深约0.6米，坑内土质含灰量

图一八二
太山庙村遗址远景

图一八三
太山庙村遗址标本

大，有少量陶片；H2呈圆形，径约1.5米，深0.4米，开口距地表约0.6米。坑内土质松散，呈红褐色，内含灰土、红烧土块和少量陶片。采集有新石器时代仰韶文化半坡类型的尖底瓶等残片，纹饰有线纹、划纹，及西周时期陶罐残片，纹饰有绳纹。

6. 左家崖遗址（新石器时代、西周）

位于双石铺镇西庄村一组（左家崖）东北约80米处的嘉陵江南岸的二级台地上，地势平坦（图一八四、图一八五）。GPS：N：33°55′47.8″，E：106°33′05.5″，海拔984米。遗址平面呈长方形，东西长约80米，南北宽约70米，面积约5600平方米。遗址内东侧断崖上发现断续文化层，长约10米，厚约0.8米，距地表约1米。地表采集新石器时代仰韶文化的尖底瓶、陶罐等残片，西周时期的陶罐、陶鬲等残片，纹饰有划纹、绳纹等。左家崖遗址为研究凤县新石器时代仰韶文化和周文化提供了实物资料。

7. 五里坪遗址（西周）

位于凤州镇白石铺村窑沟（自然村）西南约100米处的嘉陵江东岸的二级台地上，地势东北高西南低，呈缓坡状（图一八六、图一八七）。GPS：N：33°58′10.6″，E：106°39′10.0″，海拔1045米。遗址东临宝（鸡）成（都）铁路，西临近铁路家属楼，南为凤州火车站，北为耕地。遗址平面呈长方形，南北长约200米，东西宽约80米，面积约16000平方米。在遗址区内靠近铁路线的断崖上发现断续文化层，长约15米，厚约0.61米，距地表约0.8米。采集有西周时期的陶鬲、陶罐等残片，纹饰有绳纹等。五里坪遗址为研究凤县周文化提供了实物资料。

8. 凤州村遗址（西周、汉）

位于凤州镇凤州村八组东南约5米处的嘉陵江南岸的二级台地上（图一八八、图一八九）。GPS：N：33°57′01.3″，E：106°36′32.4″，海拔1017米。遗址东、西为耕地，南至宝成铁路，北至断崖。遗址平面呈不规则形，南北长约200米，东西宽约40米，面积约8000平方米。在遗址北侧断崖上发现文化层，长约8米，厚约1.5米。文化层下压灰坑1座，口宽约3米，深约2米，坑内土质松散，呈灰褐色，内含少量灰土和陶片。采集有西周时期的陶鬲、陶罐、陶甗等残片，纹饰有绳纹，及汉代的绳纹板瓦等残片。凤州村遗址为研究凤县周文化和汉代历史文化提供了实物资料。

图一八四 左家崖遗址标本
图一八五 左家崖遗址远景
图一八六 五里坪遗址标本
图一八七 五里坪遗址近景

9. 龙口遗址（西周、汉）

位于凤州镇龙口村西约300米处的嘉陵江西岸的二级台地上，地势西南高东北低，呈缓坡状（图一九〇、图一九一）。GPS：N：33°58′20.8″，E：106°38′31.2″，海拔1048米。遗址面积约5000平方米。在遗址区内东侧断崖上发现断续文化层，长约15米，厚约2米，距地表约3米。发现灰坑多处，其中灰坑1，呈袋状，开口距地表约2.5米，口宽1米，地宽1.2米，深约0.8米，坑内土质松散，呈灰褐色。内含少量陶片。采集有西周时期的陶罐等残片，汉代的板瓦等残片，纹饰有绳纹。

图一八八　凤州村遗址近景
图一八九　凤州村遗址标本
图一九〇　龙口遗址远景
图一九一　龙口遗址标本

图一九二
州南遗址标本
图一九三
州南遗址近景

10. 州南遗址（西周、宋）

位于凤州村西南约50米的山坡台地上，处山间盆地边缘（图一九二、图一九三）。GPS：N：33°56′53.7″，E：106°37′04.1″，海拔1030米。遗址东距砖厂约100米，西、南均至坡根断崖，北距宝成铁路约10米。遗址平面呈长方形，东西长约50米，南北宽约30米，面积约1500平方米。遗址未发现灰坑和文化层，地表散布较多陶片和少量瓷片，以泥质灰陶居多，部分陶片内壁可见规整的圆点纹。可辨器型有宋代灰陶罐和宋代灰陶板瓦、黑釉碗等器物。州南遗址对研究凤县西周宋代历史文化有一定参考价值。

11. 老镢遗址（汉）

位于凤州镇龙口村钟家河坝（自然村）东北约30米处的嘉陵江北岸的二级台地上，地势西北高东南低，呈缓坡状（图一九四、图一九五）。GPS：N：33°58′01.8″，E：106°38′05.9″，海拔1032米。遗址平面呈长方形，东西长约100米，南北宽约80米，面积约8000平方米。在遗址区内的断崖上发现断续文化层，长约20米，厚约0.2～0.6米，距地表约2.5米。采集有汉代的板瓦等残片，纹饰有绳纹。老镢遗址为研究凤县汉代历史文化提供了实物资料。

12. 七里坪遗址（汉）

位于凤州镇桑园村二组七里坪（自然村）南约10米的嘉陵江南岸的二级台地上，地势南高北低，缓坡状（图一九六、图一九七）。GPS：N：33°56′04.2″，E：106°36′00.8″，海拔1015米。遗址北距七里坪村约10米，西为耕地，南至宝成铁路，北距七里坪火车站约20米。遗址平面呈不

图一九四　老钁遗址远景
图一九五　老钁遗址标本
图一九六　七里坪遗址近景
图一九七　七里坪遗址标本

规则形，东西长约300米，南北长约20米，面积约6000平方米。在遗址北侧断崖上发现文化层，长约10米，厚约0.3米。未发现灰坑。地面采集有汉代的板瓦、筒瓦等残片，纹饰有绳纹。七里坪遗址为研究凤县汉代历史文化提供了实物资料。

13. 凤州城址（明、清）

位于凤州村，嘉陵江南岸的山间盆地边缘，地势相对平坦（图一九八）。GPS：N：33°56′59.5″，E：106°37′08.2″，海拔1023米。城址始建于明代，清乾隆二十八年（1763年）重修。东至东门外耕地，南至宝成铁路南约50米，西邻断崖，北邻212省道（宝鸡至汉中）。遗址平面呈不规则长方形，南北长约1000米，东西宽约300米，面积约

图一九八
凤州城址残存城墙

30000平方米。在城址东、西南、北、西面分别保留残长约20米、250米、30米、150米的城墙，墙基宽约5.5米，顶宽2.5~3.5米，墙体夯筑，夯层厚0.08米。在城址原东门处有径约0.85米、高约15米的槐树1棵，城址西门外残留宽约20米、深约10米的壕沟和通往城外的土石桥梁（栖凤桥），城址内尚内保留部分清代民居和文庙大成殿、城隍庙、官衙等建筑遗迹。凤州城址面积较大，对研究古凤州城建筑布局、建筑特色有重要价值。

14. 南坡堡址（清）

位于凤州镇凤州村六组南约500米的南坡（地名）山梁上，地势南高北低（图一九九）。GPS：N：33°56′32.5″，E：106°37′30.1″，海拔1285米。西邻水架沟，南依山梁，西、北均为山坡台地，平面略呈长方形，南北长约100米，东西宽约10米，面积约1000平方米。堡址东南角保留长约10米、墙基宽约1.5米的堡墙一段，墙体自下向上渐收，上宽约0.3米，墙面暴露夯筑痕迹，夯层厚0.08~0.1米，夯窝直径约0.12米，夯土中夹杂料姜石、砂石等杂质，土质疏松，据堡墙2米处有直径0.2米的柏树1棵。据当地村民讲该堡址为清代防"长毛"匪扰而建。南坡堡址地理位置险要，对于研究凤县清代城镇防御设施及古凤州城历史有一定价值。

15. 仓坪碥道遗址（不详）

位于凤州镇马连滩村（仓坪三组）西5米的山坡便道上，西距乡村水泥路约10米，东距梁泉沟约20米（图二〇〇）。GPS：N：

33° 56′ 17.0″，E：106° 37′ 11.9″，海拔1236米。地势南高北低，属连云栈道的凤州段一部分，栈道呈东南至西北走向，南北长约30米，东西宽1.5～3米，道路系大小不等的河卵石铺筑而成，路面平整，偏道南端路仍保留清代道光十二年（1832年）神道碑1通，碑身正中竖题“敕授骑昭都尉甘肃白塔营都司鼎南……”。仓坪碥道遗址对于研究凤县境内古道路的分布及古代南北方交通状况有一定价值。

图一九九
南坡堡址远景
图二〇〇
仓坪碥道遗址近景

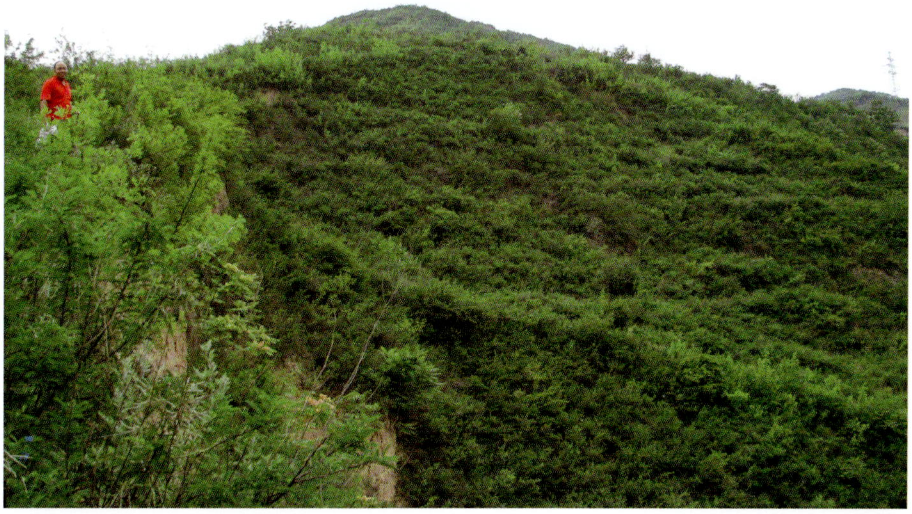
199

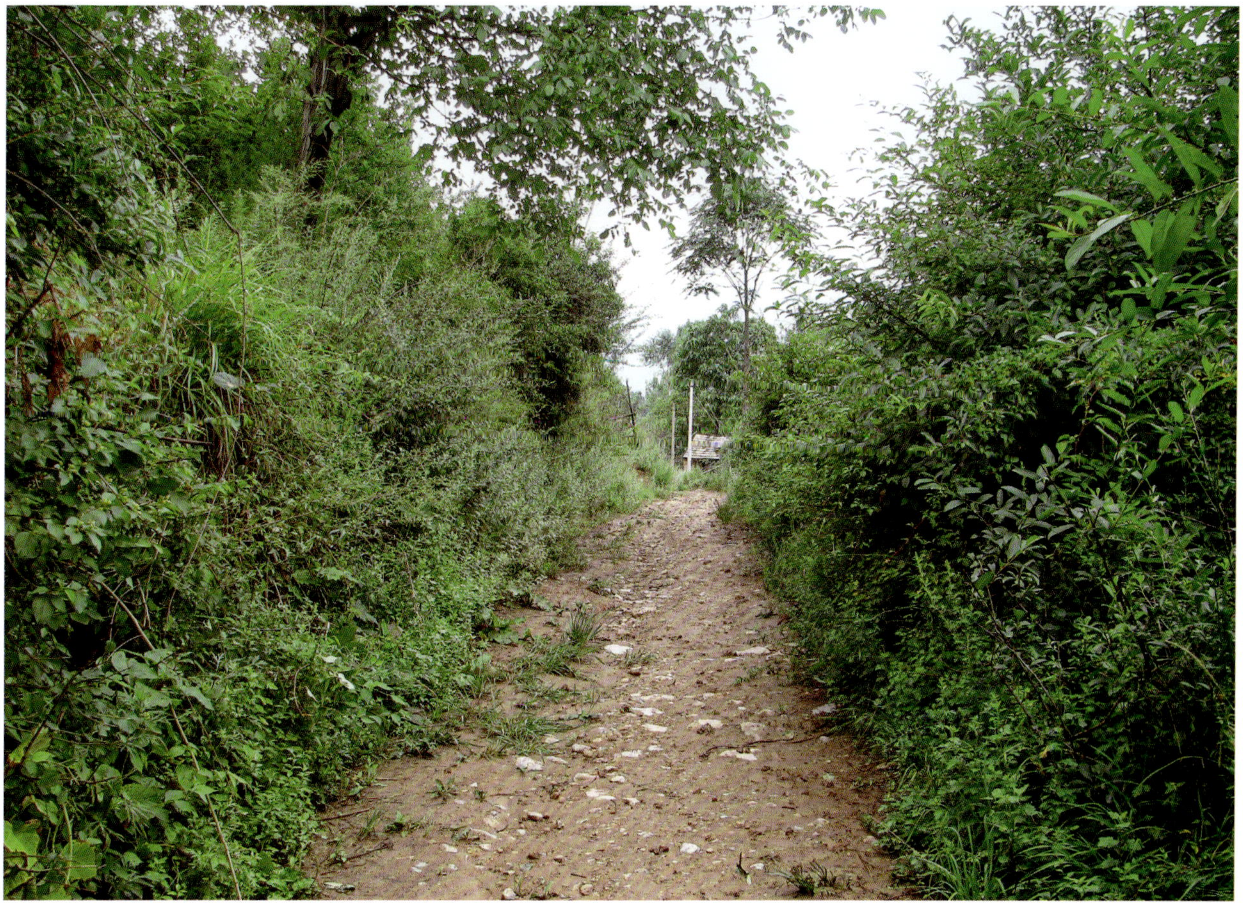
200

16. 凤州烽燧遗址（不详）

位于凤州村六组南约500米的攻包（地名）山梁上，地势南高北低（图二〇一）。GPS：N：33°56′35.4″，E：106°37′07.1″，海拔1233米。东邻水架沟，南依山梁，西、北均为山坡台地，北为山坡台地，平面略呈长方形，南北长约15米，东西宽约4米，基高约5米，面积约60平方米。烽燧四周墙体崩塌，基址暴露夯筑痕迹，夯层厚0.08～0.1米，夯窝直径约0.12米，夯土中夹杂料姜石、砂石等杂质，土质疏松。凤州烽燧遗址地理位置险要，对于研究凤县古代城镇防御设施有一定价值。

17. 郭家湾墓群（商、周）

位于凤州镇白石铺村三组（郭家湾）西北约150米处的嘉陵江东岸的二级台地上，地势东南高西北低，呈缓坡状（图二〇二）。GPS：N：33°58′41.8″，E：106°39′19.0″，海拔1026米。墓群南、北为耕地，东距宝汉公路约20米，西距嘉陵江东岸约10米。墓群平面呈长方形，南北长约100米，东西宽约80米，面积约8000平方米。据当地村民讲该地曾暴露墓葬数座，凤县文化馆前来清理发掘，后村上平整土地，把墓葬平整为耕

图二〇一 凤州烽燧遗址近景

图二〇二
郭家湾墓群远景

地。1955年清理竖穴土坑墓5座，出土陶联裆鬲、盆、三足器、马鞍形口双耳罐、尖底罐和骨笄、镞、针及卜骨等。属商周时期含有寺洼文化和早期蜀文化因素的遗存[1]。郭家湾墓群为研究凤县商周时期的埋葬习俗及其文化属性提供了实物资料。

18. 龙口墓群（西周、秦）

位于凤州镇龙口村东约30米处的山前台地上，地势东高西低，呈缓坡状（图二〇三）。GPS：N：33°57′44.5″，E：106°38′42.3″，海拔1036米。墓群地处凤州火车站以南约400米处的两条铁路之间，墓群南、北为耕地，墓群平面呈长方形，南北长约150米，东西宽约50米，面积约7500平方米。1973年和1977年暴露竖穴土坑墓数座，出土西周灰陶鬲、圜底罐和秦代夹砂灰陶罐等。龙口墓群为研究凤县西周时期和秦代墓葬的埋葬习俗和周、秦文化提供了实物资料。

19. 西庄墓群（西周、汉）

位于双石铺镇西庄村一组北约80米处的嘉陵江南岸的二级台地上，地势平坦（图二〇四）。GPS：N：33°55′43.1″，E：106°32′55.7″，海拔986米。墓葬北至断崖，东至生产土路，南为耕地，西至下河小路。墓葬平面呈长方形，东西长约200米，南北宽约60米，面积约12000平方米。墓葬北侧断崖上暴露墓葬3座，自西向东依次编号为M1、M2、M3。其中M1位于墓群的西部，暴露长方形斜坡墓道，墓道宽0.6米，深约4米，开口距地表约1米。依据墓葬形制推断该墓葬时代为汉代。M2、M3在同一位

[1] 刘启益、杨建芳：《凤县古文化遗址清理简报》，《文物参考资料》1956年2期，第34～41页。

图二○三 龙口墓群远景
图二○四 西庄墓群近景

置，相距约1.5米，为长方形竖穴墓，墓内填土经过夯打，夯层不清。M2暴露宽约3.5米，深约4米，开口距地表约1米；M3暴露宽约1.5米，深约4米，开口距地表约1米。依据墓葬形制推断这两座墓葬的时代为西周。西庄墓群为研究凤县西周时期、汉代墓葬的埋葬习俗和周文化、汉代历史文化提供了实物资料。

20. 凤州墓群（西周、汉）

位于凤州村东南约100米的宝成铁路南侧山坡台地上，地处盆地边缘，地势南高北低（图二○五）。GPS：N：33°56′48.3″，E：106°37′09.3″，海拔1081米。墓群东接移民新村，西北距凤州村约100米，南至山梁，北距宝成铁路约15米，墓群呈长方形，东西长约200米，南北宽约80米，面积约16000米。在高约40米的台地上，自西向东暴露墓葬竖穴土坑墓两座（编号M1和M2），墓向均为南北向，墓底宽0.9～1.2米，底距崖面深约4.2米，进深不详。从墓葬形制和周围散落饰细绳纹的陶罐残片看该墓葬年代应为西周时期。另据《中国文物地图集·陕西分册》记载该地1957～1984年暴露竖穴土坑墓和土洞墓多座，出土西周灰陶鬲、罐、铜戈，汉代铜鼎、钫、矛、博山炉及陶猪，唐代海兽葡萄镜及陶罐等。其中汉鼎口沿有"三都鼎"三字铸铭；博山炉盖口沿篆刻"雒阳武库东卢重三斤"九字，炉身口沿刻"重二斤十四两"[1]，2008年宝鸡市及凤县当地文博单位在此地清理墓葬多座，发现西周铜鼎、唐代铜镜等遗物。凤州墓群面积大，内涵丰富，时代跨度长且特征明显，对研究凤县西周、汉代以及唐代文化有重要价值。

21. 桑园墓（战国）

位于凤州镇桑园村二组南约200米的嘉陵江南岸的二级台地上，地势南高北低，缓坡状（图二○六）。GPS：N：33°56′28.6″，E：106°35′52.4″，

[1] 王翰章、陈孟东：《陕西凤县出土东汉雒阳武库东卢铜熏炉》，《文博》1988年1期，第96～102页。

图二〇五 凤州墓群远景
图二〇六 桑园墓近景

海拔1011米。墓葬北距宝成铁路20米，东为断崖，西为耕地，南为断崖。20世纪50年代曾暴露竖穴土坑墓。征集铜戈1件，通长19厘米，援长13厘米。依据出土铜戈判断墓葬时代为战国，为研究凤县战国时期的埋葬习俗提供了实物资料。

22. 太山庙墓群（秦）

位于凤州镇龙口村太山庙（自然村）东约100米处的嘉陵江南岸的二级台地上，地势南高北低，呈缓坡状（图二〇七）。GPS：N：33°57′28.3″，E：106°38′09.3″，海拔1018米。墓群西距太山庙村民住宅约100米，东为耕地，北距钟家河坝村约50米，南距宝汉公路约20米。墓群平面呈长方形，东西长约100米，南北宽约60米，面积约6000平方米。此处屡有墓葬暴露，1991年清理秦代竖穴土圹墓1座，出土铜釜、蒜头壶、半两钱及陶罐等。太山庙墓群为研究凤县秦代墓葬的埋葬习俗和秦文化提供了实物资料。

23. 梁鹿坪墓（汉）

位于梁鹿坪（自然村）东约100米的耕地中，西距宝成铁路约80米（图二〇八）。GPS：N：33°57′14.7″，E：106°38′04.3″，海拔1020米。地表无封土，南侧2米有塌陷墓穴1处，地面零星发现有汉代绳纹板瓦残片。据《中国文物地图集陕西分册》载，1986年曾清理夫妇合葬竖穴土坑墓。墓穴长3米，宽4.5米。墓主头向东南，仰身直肢葬。出土铜甗、钫、镦、蒜头壶、铃、洗、连弧蟠虺纹镜、铜印、铁剑、铁斧、陶罐及四铢半两钱等。铜印阳文"樊氏"二字，据考该姓氏属巴郡南郡五姓之一。出土铜器属巴蜀文化轻薄型铜器[1]，梁鹿坪汉墓对研究凤县境内巴蜀文化遗存和南部文化交流有一定价值。

[1] 胡志仁、刘宝爱、卢建国：《陕西凤县梁鹿坪西汉墓清理简报》，《文博》1989年3期，第14～16页。

图二〇七
太山庙墓群近景

图二〇八
梁鹿坪墓近景

24. 烟囱沟墓（清）

位于凤州镇仓坪村东南约4千米的烟囱沟南侧台地上（图二〇九）。GPS：N：33°54′32.7″，E：106°37′49.6″，海拔1599米。地势东高西低，墓葬为东西向的夫妇合葬墓，墓葬东西长约3米，南北宽约2.3米，面积约7平方米。墓室南北相邻，中间用长约0.8米、宽0.5米、厚0.1米的石板间隔，墓顶呈人字形两面坡，墓底用石板平铺，墓室西侧约1.5米处散乱放置两柱一间式碑楼石部件，两柱上阴刻楷书楹联"寿域正享其宏开""佳城初修为并架"，碑楼顶为半圆形，内底有正方形凹槽，侧面上部有弧形线雕蝙蝠图案和"寿"字花纹，下部为长方形仿木石匾，上题"百年偕老"，墓碑无存，据文字内容和墓葬结构看应为夫妇合葬墓，烟囱沟墓葬对了解凤县清代丧葬习俗和墓葬形制有重要价值。

25. 豆积山塔（清）

位于凤州镇凤州村豆积山下，地处嘉陵江北岸的一处平地上（图二一〇）。GPS：N：33°57′24.1″，E：106°37′06.5″，海拔1035米。因当地开发凤州消灾寺旅游景区，塔被人为拆除，据说后期将复原重建。豆积山塔为六角五层楼阁式砖塔，为纪念王姓道人生前募化重修果老洞庙宇而建。通高约8米，塔身层间叠涩出檐，塔顶平砖攒尖。发现王师塔铭碑1通，青石质，身首一体，座佚。通高0.97米，宽0.47米，厚0.2米。半圆形碑首，浮雕二龙戏珠图案，方额内篆刻"皇清"二字。长方形碑身，首题"王师塔铭序"，正文14行，满行27字，记载王氏生平及募化维修果老洞庙宇事宜。道光二十九年（1849年）立石。豆积山塔为研究凤县清代道人灵塔的建筑工艺和清代的民间宗教信仰等方面提供了实物资料。

图二〇九 烟囱沟墓近景
图二一〇 豆积山塔远景

26. 凤州续超灵塔（清）

位于凤州镇凤州村豆积山下，地处嘉陵江北岸的一处平地上（图二一一）。GPS：N：33°57′25.9″，E：106°37′08.0″，海拔1047米。地势原为北高南低的陡坡状，现因旅游开发，平整呈高台阶地。南为正在修建的吊桥，东、北为临时土路，西为冲沟。灵塔为六角三层楼阁式舍利塔，塔刹不存。残高3.4米。六角二级台阶式塔基，边长0.34米。塔身棱角分明，檐角微翘呈仰莲状。除第一层塔铭为石灰岩质以外，其余均为砂岩质。塔铭正面楷书题刻"临济正宗第二十代续超之塔"，其余各面楷书阴刻记载续超生平事迹等。光绪十七年（1891年）树立。顶层塔身上刻"南无阿弥陀佛"六字。据当地村民说，此塔原位于该村南坡的山腰上，为开发旅游搬迁至豆积山的现在位置。凤州续超灵塔为研究凤县清代僧人灵塔的建筑工艺和清代的民间宗教信仰等提供了实物资料。

27. 凤州文庙（清）

位于凤州村西街民族小学东10米，是一座清代时期的单檐庑殿式寺庙建筑（图二一二、图二一三）。GPS：N：33°57′07.7″，E：106°37′07.7″，海拔1016米。始建于明洪武三年（1370年），明末崇祯年间毁于兵乱，清康熙四十三年（1704年）、乾隆二十五年（1760年）、同治十二年（1873年）在时任知县主持下多次重修。现仅存大成殿一座，大殿建于高1米的砖包台基上，坐北向南，面阔五间，进深三间，歇山灰瓦顶，镂空花脊，五架梁。东西长约15.8米，南北宽约9.8米，面积约155平方米，檐下有斗拱，檐柱高约4米，柱径约0.3，柱下有边长约0.5米的浮雕莲纹柱础，殿宇南侧有径0.5～1.1米的古柏5棵。凤州文庙对于研究古凤州历史和文化教育状况有重要价值。

28. 栖凤桥（清）

位于凤州村西门外的护城壕沟上，为半圆拱单拱土石桥（图二一四）。GPS：N：33°56′56.2″，E：106°36′50.2″，海拔1019米。相传建于明代，清重葺、修缮。桥梁为东西走向，全长约20米，宽1.2米，高8米，拱高2米。现桥面下约5米为最初之桥基，原桥用长0.28米、宽0.18米的砂岩质石条错缝叠砌，上部用土夯筑加高，并横铺砂石桩。凤栖桥对于研究凤县古凤州城建筑格局和凤州城址历史有重要价值。

29. 凤州陈氏民宅（清）

位于凤州镇凤州村369号，村民陈红利（已故）住宅，是一座清代时期的砖土木结构民居建筑（图二一五）。GPS：N：33°57′01.2″，E：106°37′14.0″，海拔1018米。始建年代不详，现存前厅房一座，建筑坐北向南，面阔三间，进深两间，东西长约10米，南北宽约8.5米，面积85平方米，硬山式灰瓦顶，灰陶花脊。前厅房为一明两暗开间，两层板楼结

图二一一
凤州续超灵塔近景

图二一二
凤州文庙远景

图二一三
凤州文庙梁架

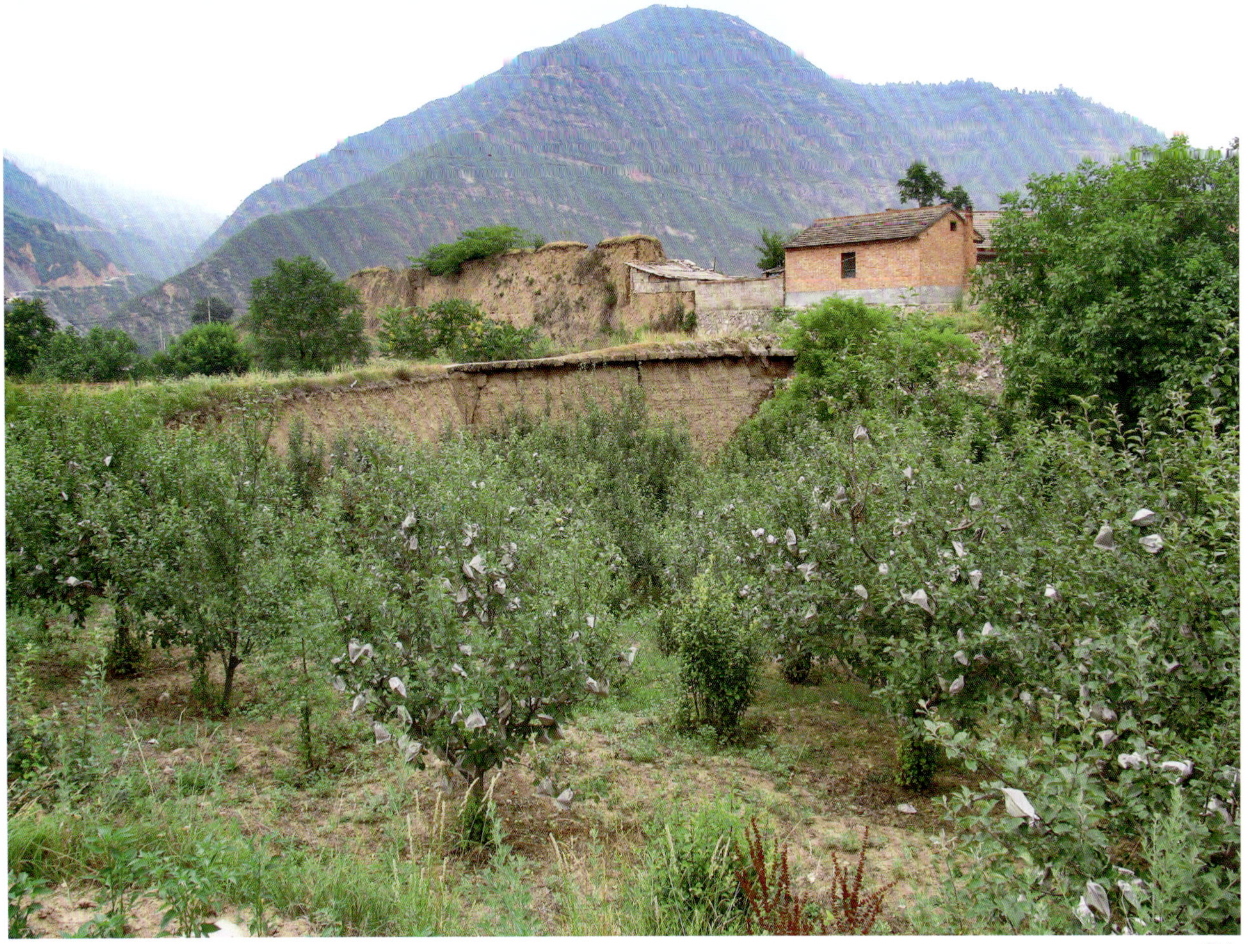

214

215

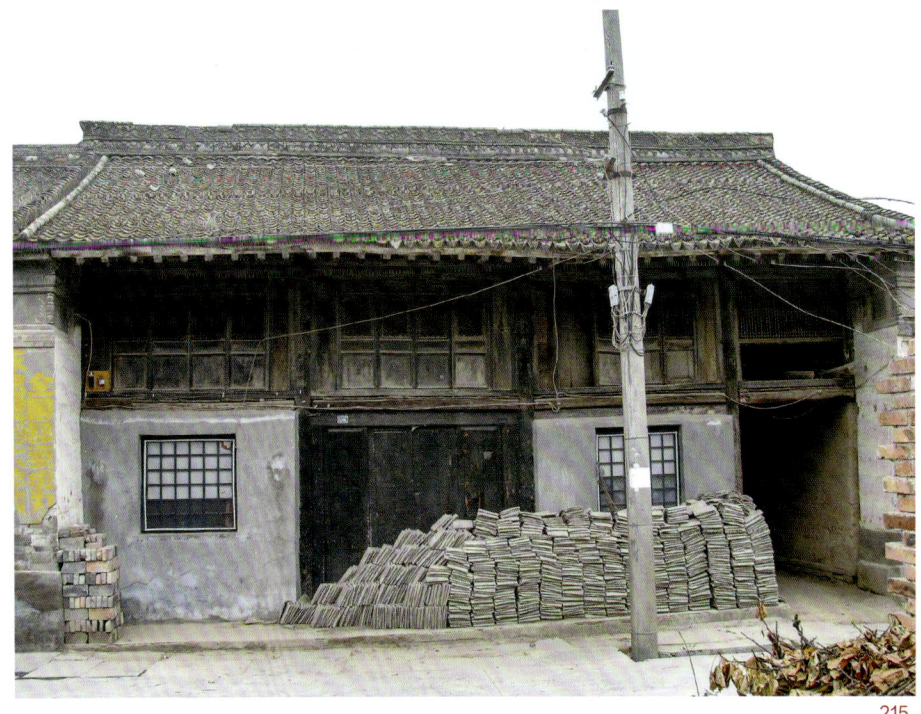

图二一四

栖凤桥远景

图二一五

凤州陈氏民宅近景

图二一六
凤州刘氏民宅远景

图二一七
凤州马氏民宅远景

构，檐柱高约3.8米，柱径0.2米，明间辟合扇门，门宽2.3米，高2.2米。次间辟直棂窗，东侧有厅房门洞，两侧山墙为砖包土坯墙，墙体向上渐收，西侧墙面保留"全国都要成为学习毛泽东思想的大学校"标语。凤州陈氏民宅对于了解凤县清代晚期民居布局、居民生活状态及古凤州历史有一定参考价值。

30. 凤州刘氏民宅（清）

位于凤州村村民刘建荣宅内，是一座清代时期的砖土木结构民居建筑（图二一六）。GPS：N：33°57′01.0″，E：106°37′13.2″，海拔1016米。始建年代不详，现存前厅房一座，建筑坐北向南，面阔三间，进深两间，东西长约10米，南北宽约9.5米，面积95平方米，硬山式灰瓦顶，灰陶花脊。前厅房为一明两暗开间，两层板楼结构，檐柱高约3.8米，柱径0.2米，明间辟木质合扇门，门宽2.3米，高2.2米，东侧为厅房门洞，门楣有"祥迎南岐"楷书砖雕匾额，两侧山墙为砖包土坯墙，墙体向上渐收。凤州刘氏民宅对于了解凤县清代晚期民居布局、居民生活状态及古凤州历史有一定参考价值。

31. 凤州马氏民宅（清）

位于凤州村村民马胶宅内，是一座清代时期的砖土木结构民居建筑（图二一七）。GPS：N：33°56′53.9″，E：106°37′08.4″，海拔1032米。始建年代不详，现存厅房一座，建筑坐南向北，面阔三间，进深各两间，东西长约8.2米，南北宽约7米，面积56平方米，硬山式灰瓦顶，灰陶花脊。厅房为一明两暗开间，檐柱高约3.8米，柱径0.2米，明间辟镂空槅扇门，木板隔棂板上有木雕花卉图案，次间施方格窗，门楣上有楷书"乐善堂"三字木匾，两侧山墙为砖包土坯墙，向上渐收，墀头镶砌砖雕花卉、"四艺"图案装饰。凤州马氏民宅对于了解凤县清代晚期民居布局、居民生活

图二一八 薛家民居近景

图二一九 果老洞石窟远景

状态及古凤州历史有一定参考价值。

32. 薛家民居（清）

位于凤州镇凤州村一组，地处嘉陵江南岸的二级台地上，地势南高北低，呈缓坡状（图二一八）。GPS：N：33°57′00.4″，E：106°36′54.1″，海拔1014米。东临村内水泥路，南、北两侧为村民住宅。始建于清代道光年间，近年曾维修过，为薛姓人家祖房。现存门楼、南厢房和正房，均为砖、土、木结构。门楼坐西向东，与正房不在一个中轴线，偏北向。高约3.5米，面宽约2.4米，进深约2米。硬山顶，镂空花脊，施筒瓦和勾头滴水。两侧砖砌山墙，宽约0.6米。中辟两扇对开门，宽约1.2米，高约2.2米。门楣上内、外镶嵌匾额，外为"及第日升"，内为"瑞霭朝暾"。门外匾额落年款"道光岁次（1832年）壬辰孟春"。门外山墙头镶有松鹤图、松鹿图和博古花卉图砖雕。南厢房位于院内南侧，坐南向北，面宽3间，进深1间。高约3米，东西面宽约3米，进深约2.8米。单面坡顶，施灰板瓦，3架梁。正房坐西向东，面宽5间，进深2间。高约7米，南北面宽约15米，东西进深约6米。硬山顶，镂空花脊，5架梁，设有阁楼。正中四扇门，两侧方格式窗。山墙头镶嵌有花卉砖雕，地面铺方砖。薛家民居为研究凤县清代历史文化、清代民居的建筑式样等方面提供了实物资料。

33. 果老洞石窟（唐、宋、明、清）

位于凤州镇凤州村北，嘉陵江北岸的豆积山砂岩崖壁间（图二一九）。GPS：N：33°57′25.9″，E：106°36′59.3″，海拔1148米。据《凤县志》，窟开凿于唐代，宋、明、清均有增凿。共6窟，东西排列于约50米范围内，面积约60平方米。窟平面均为长方形，平顶，其内造像均已毁。1号窟位于西部，窟口高2.1米，宽1.5米，进深2.57米。窟口东侧发现有题刻4处，自东向西依次为：①"石室烟霞"题刻，长1.33米，高0.44米。

图二二〇　消灾寺石窟远景

楷书。②"江天云窟"题刻，长2.04米，高0.83米。落款"彦登书"，楷书，波浪纹边框。③杨从仪题刻，残高0.75米，宽1.3米。题刻为颜体，字迹剥落无几，可见人名杨从仪，年款为绍兴十四年，为现代人描红。④洞窟口题刻，残高0.84米，宽0.55米。"蔚杨公凿真人洞……一月二十一日率郡僚□……英张□祖钊宗孝□觉王励□时发安……"，年款不清。2号石窟位于高台处，面宽2.05米，高1.94米，进深3.05米。3~6号窟位于东部，自西向东连为一排。3号窟外设前檐，前檐长7.25米，进深1.8米，高2.67米。石窟高1.83米，面宽1.46米，进深1.2米。4号窟高3.4米，面宽3.1米，进深3.4米。5号窟高2.63米，面宽2.58米，高2.63米。6号窟高1.86米，宽0.8米，进深0.8米。传说八仙之一的张果老曾在此修炼而得名，现有真人洞、铁棋亭和阁楼石窟等。"铁棋仙迹"为凤县八景之一。果老洞石窟为研究凤县唐、宋、明、清时期的民间宗教信仰和道教文化等方面提供了实物资料。

34. 消灾寺石窟（明）

位于凤州镇凤州村北，嘉陵江北岸的豆积山顶部的砂岩崖壁间（图二二〇）。GPS：N：33°57′33.3″，E：106°37′10.0″，海拔1258米。据《凤县志》，窟开凿于明代。共3窟，东西排列于约80米范围内，面积约40平方米。窟平面均为长方形，平顶，其内造像均已毁。1号窟位于东部，窟口高3.15米，宽4米，进深2.4米。2号石窟位于高台处，面宽7.5米，高4.1米，进深2.4米。3号窟高3米，面宽6.85米，进深1.5米。消灾寺又为萧斋寺，传说唐玄宗李隆基南逃途经凤州，因遥望长安感慨而建，并赐名

图二二一
南天门摩崖题近景

图二二二
豆积山记事碑远景

"萧台寺",南宋改名为"消灾寺"。"萧寺晨钟"为凤县八景之一。消灾寺石窟为研究凤县明代的民间宗教信仰和佛教文化等方面提供了实物资料。

35. 南天门摩崖题(清)

刻位于凤州镇凤岭南天门(图二二一)。GPS：N：33°54′09.6″，E：106°37′59.4″，海拔1795米。刻于光绪戊子年(1888年)，长方形边栏。幅宽2.21米，高0.85米。上款"光绪戊子仲春奉命阅伍过山"，中题横排"声闻帝座"四大字，下款"抚陕使者皖怀叶伯英题"。题刻所在崖壁崩塌掉落地面，断为两半。题刻南侧就是连云栈道遗迹。同时在南天门东侧现存同治九年(1870年)使君活我碑、同治九年朝阳寺碑各1通。使君活我碑，青石质，身首一体，高1.4米，宽0.85米，厚0.12米。碑首半圆形，饰有祥云、团龙图案，长方形碑身饰有0.1米的花卉边栏。上款"邑侯郭大老爷同治二年(1863年)守城遗爱"，中题"使君活我"四大字，下款"同治九年庚午 凤县士民公立"。朝阳寺碑，碑首、碑首残，青石质，残高1.36米，宽0.8米，厚0.1米。上题"同治九年重阳日"，中题"古朝阳寺"，下题"知县郭建本重修敬立"。南天门摩崖题刻和同治九年的两通碑刻为研究清代历史文化、历史事件和民间信仰等方面提供了实物资料。

36. 豆积山记事碑(1919年)

位于凤州镇凤州村北,嘉陵江北岸的豆积山下(图二二二)。GPS：N：33°57′25.2″，E：106°37′00.8″，海拔1037米。西为上果老洞石窟的小道。石灰岩质,身首一体。通高2.19米,宽0.78米,厚0.22米。半圆形碑首,阴刻"永垂不朽"四字。碑身长方形,正文楷书13行,满行55字,

记载豆积山和果老洞等有关情况及游历感怀事宜。陕西镇守使兼第十五旅旅长管金聚撰文。民国八年（1919年）立石。砂石碑座，长1.03米，宽0.74米。豆积山记事碑为研究凤县民国时期的豆积山环境等提供了实物资料。

图二二三
草店子遗址标本
图二二四
草店子遗址近景

（二）凤县双石铺镇

本段故道沿线共发现不可移动文物24处，其中古遗址10处，古墓葬9处，古建1处，碑刻4处。

1. 草店子遗址（新石器时代）

位于草店村四组村北约10处的塬坡上（图二二三、图二二四）。地势北高南低，呈梯地状。遗址平面呈长方形，东西长约200米，南北宽约100米，面积约20000平方米。东、北两侧为耕地，西距村庄约10米，南邻凤县至甘肃省两当县的316国道。在遗址区的北侧断面上见到断续文化层，长5~10米，厚0.3米左右，内含物以灰褐色土为主，仅见到零星的陶器残片。采集有新石器时期仰韶文化泥质和夹砂红陶残片，器型有钵、罐等；还有西周时期的夹砂灰陶瓮等。

2. 王家坪遗址（新石器时代）

位于王家坪村东约150米小峪河西岸二级台地上（图二二五、图二二六）。地势西高东低，呈缓坡状。遗址平面呈长方形，南北长约200米，东西宽约70米，面积约14000平方米。东距小峪河约100米，南、北两侧为苹果园，西距村庄约150米。在遗址区中部有一条水泥路东西向横穿，遗址区内断面很少，未能见到文化层，只是在地表有零星的新石器

图二二五　王家坪遗址远景

图二二六　王家坪遗址标本

时代仰韶文化泥质红陶器物残片发现。

3. 新庄遗址（新石器时代）

位于双石铺村新庄自然村南约30米处的山脚下。地势南高北低，呈缓坡状（图二二七、图二二八）。遗址平面呈长方形，东西长约30米，南北宽约20米，面积约600平方米。东、西两侧为耕地，南依山脚，北距新庄村约30米。新庄村北依次为宝鸡至成都铁路、凤县至宝鸡公路、嘉陵江河流等。遗址所在的断面未见文化层暴露，只是在地表见到零星的泥质和夹砂红陶片，采集有新石器时代仰韶文化的钵、罐等器物残片。

4. 张家窑遗址（新石器时代）

位于张家窑村西南约50米处的红岩河西岸二级台地上（图二二九、图二三〇）。地势东北高西南低，呈缓坡状。遗址平面呈长方形，南北长约200米，东西宽约100米。东侧距村庄约50米，西侧紧临通村水泥路，距红岩河东岸约50米，南、北两面皆为耕地。在遗址区的西侧和北侧断面上有文化层暴露，长10～40米，厚0.3～1.2米，内含灰土、红烧土颗粒以及陶器残片。采集有新石器时代仰韶文化庙底沟类型的泥质、夹砂红陶片，器型有瓶、钵、罐等。遗址区内主要是耕地和果园。

5. 陈家湾遗址（新石器、西周、唐）

位于陈家湾村北约1500米处。东依双石铺至唐藏的公路，距离小峪河约20米，西侧为沟壑，南、北两侧紧依山脉（图二三一、图二三二）。遗址平面呈长方形，南北长约80米，东西宽约50米，面积约4000平方米。在遗址区的三层梯地上，从下到上依次分布着宋代、西周、新石器时代仰韶

227

228

229

230

231

232

文化遗迹，唐代遗迹最为丰富，文化层长约30米，厚0.6米左右，内含物主要是灰土和建筑用的半筒瓦残片和陶、瓷器等；第二层梯地为西周时期的遗迹，仅发现一处袋状灰坑，底径约1米，内含灰土、红烧土颗粒以及少量陶片；第三层梯地断而有断续新石器遗迹发现，主要是零星的陶器残片等。采集的有新石器时代的夹砂红陶罐和泥质红陶钵等，西周时期的夹砂灰陶罐和唐代时期的泥质灰陶板筒瓦残片以及酱釉瓷碗等。陈家湾遗址内涵时代跨度大，形成后人破坏前人的现象，致使新石器时代的遗迹受到较多破坏。遗址区现已退耕还林，树木和杂草丛生。

6. 陈家湾东遗址（新石器、唐）

位于陈家湾村东约10米处的耕地内。地势北高南低，呈缓坡状（图二三三、图二三四）。遗址主要分布在小峪河东岸约50米处的二级台地上，东至山坡，西邻小峪河，南距村庄约10米，北侧为耕地。遗址平面呈正方形，边长约100米，面积约10000平方米。在遗址区的多重梯田断面上有文化层暴露，长约30米，厚0.3～1.2米，主要内含物是唐代时期的建筑用板瓦和瓷器等遗物，夹杂有零星的新石器时代仰韶文化晚期泥质和夹砂红陶片等。采集有唐代时期的板瓦残片、白釉瓷碗等和新石器时代仰韶文化的泥质红陶钵、夹砂红陶罐残片。

7. 柏林遗址（宋）

位于何家坪村关底下（柏林）自然村西南约500米处的红岩河二级台地上（图二三五、图二三六）。遗址平面呈长方形，南北长约70米，东西宽约40米，面积约2800米。东临双桥至龙家坪乡村公路，西距红岩河约100米，南距山下双桥约500米，北距柏林自然村约500米。在遗址区的西

233

234

侧断面上有断续文化层暴露，长5~10米，厚约0.4米，内含灰土、砾石和建筑用板瓦和陶器残片等，采集有宋代时期的内布纹、外素面的板瓦和泥质灰陶罐残片等。

图二三五
柏林遗址标本
图二三六
柏林遗址近景

8. 龙家坪遗址（宋）

位于张家窑村龙家坪（自然）村南约10米的红岩河北岸二级台地上（图二三七、图二三八）。地势北高南低，呈梯地状。遗址平面呈长方形，南北长约80米，东西宽约50米。东侧为一条东西乡的通村水泥路，西侧为耕地，南距红岩河约150米，北距村庄约10米。遗址区内断面上有断续文化层暴露，长5~10米，厚约0.3米，内含物主要是灰土、砾石和零星的板瓦、陶器器物残片，采集的有宋代时期的内布纹、外素面的板瓦和泥质灰陶罐等残片。

9. 马场制瓷作坊遗址（清）

位于马场村一组村东约50米的半山腰上（图二三九、图二四〇）。地势北高南低，呈缓坡状，遗址平面呈长方形，南北长约50米，东西宽约30米。东距山根约70米，南距马场村委会约50米，有一条东西向水泥路从村南穿过。在遗址区内未见窑址，只是在村民孙喜亮家后院断崖上有文化层暴露，长度约15米，厚度约1米，内含瓷器残片，采集有青白釉、酱釉、酱红釉三种釉色的碗、碟、罐等残片，还有托垫、匣钵多件等烧制瓷器的用具。走访村民得知，相传此处从明末开始就有许多制瓷作坊，大量生产民间使用的瓷器，主要销往西北五省，一直到1958年以前，仍然烧制耐火砖等。仅见到文化层，未见瓷窑遗迹。

237

238

239

240

图二三七
龙家坪遗址近景
图二三八
龙家坪遗址标本
图二三九
马场制瓷作坊遗址近景
图二四〇
马场制瓷作坊遗址标本

10. 紫阳硐庙址（清）

位于马场村一组村西约3000米的半山腰上（图二四一）。地势西高东低，呈陡坡状。庙址平面呈长方形，东西长约40米，南北宽约18米。东、西两侧为峡谷，南距岜嘴山约500米，北靠围至洞山。庙址建在山腰处，原有建筑已经颓塌，布局不详，现在只是在山峰腰部有一处天然山洞，高约10米，宽约20米，深约40米。内存有1通石碑，石灰岩质，残高约0.54米，宽0.75米，厚约0.13米，身首一体，圆首长方形额，额题楷书"永垂千古"四字，周围线刻二龙戏珠图案；碑面有文字16行，满行30字，内容记述了紫阳硐由来已久矣……佛德庄严，神恩浩荡，显应四方，求则得之，人人钦仰。何姓家族公议愿将分受祖业南山沟阴坡跨地壹段，四界分明，以凭三地乡保会长何姓户族人等同立舍约，施与紫阳硐以作常产，每年主持帮大粮钱三十二文交与施主完纳，自捨之后何姓户族人等永不异言反复也，以勒石刊铭永垂不朽云尔。大山子、铁林寨、草店子三村乡保和马场客头为证，紫阳硐主持僧常明。落款为"大清道光二十九年己酉岁季秋月望九日吉立"。在洞内还残存有麻页岩质造像八尊，头部均残缺（损），残高0.4～0.8米，造像均跌跏趺坐，袒胸，身披袈裟，由于风化严重，造像只能看出轮廓，难以细述。在硐前山坡上有散落的建筑用板、筒瓦瓦砾。硐前建筑已经颓塌，在天然硐内保存有一通石碑和八尊残造像。

11. 付家碥墓（战国）

位于安沟村付家碥自然村西约5米处（图二四二）。地势西高东低，呈缓坡状。墓葬方向、形制结构等情况不详。据《中国文物地图集·陕西省分册》载："早年暴露竖穴土坑墓。征集铜三纽壶1件，通高34.8厘米，腹径21.8厘米。盖上有三个'S'形纽，腹部两侧有衔环。肩部饰弦纹。"走访村民得知，近年来该村再未有类似墓葬发现。早年曾经发现一座墓葬，近年来再未有新的发现。

12. 双石铺墓群（战国）

位于新建路双石铺中学东侧约10米处（图二四三）。地势平坦，东临凤县公安、武警消防大队，西侧为双石铺中学，南距居民小区约5米，北靠新建路西段凤县中苑国际黄金大厦约15米，墓群平面呈长方形，东西长约50米，南北宽约30米，面积约1500平方米。据《中国文物地图集·陕西

图二四一　紫阳硐庙近景

图二四二
付家碥墓所在地

图二四三
双石铺墓群所在地

分册》载："面积不详。历年有墓葬发现，出土陶器残片等。"1984年清理1座，为长方形竖穴土坑墓，长1.7米，宽0.9米，深3米。棺木已朽，棺底铺有一层朱砂，葬式为仰身屈肢。出土陶盆、罐、釜及铜带钩等[1]。墓群地处城区，周围开发建设，致使墓群毁坏殆尽。

13. 陈家湾墓（汉）

位于村民刘清良家东侧约15米的断崖上（图二四四）。地势东高西低，呈缓坡状。东、南两侧为耕地，北侧为生产小路，西临村庄。墓葬在数年前因村民取土发现，为一座东西向的墓葬，墓室底部距地表深约6米，距崖面底部约4米，墓室部分已经受到严重破坏，现仅留存南侧和东端墙体以及耳室部分，墓室系用带菱形图案的砖券砌而成，砖长0.36米，宽0.14米，厚0.06米；墓室长约6米，宽约1.3米，残高约1米，耳室宽约0.7米，残高0.6米，深度不详，在耳室内残留有泥质灰陶罐残片。从墓葬形制和残留物分析，应该是东汉时期的砖室墓。陈家湾墓葬总体保存状况较差，墓葬暴露于高9～10米的东西向断崖上，残存墓室一部分和耳室部分。

14. 草店墓群（唐）

位于草店村西北约500米处的断崖上（图二四五）。地势北高南低，呈缓坡状，墓地平面呈长方形，东西长约50米，南北宽约30米。墓地东、北两侧为耕地，南、西两侧316国道环绕，南距嘉陵江河西岸约30米。在墓地的断面上从东向西依次分布两座墓葬。M1位于墓地东侧，为一斜坡墓道，南北向，墓道宽约1米，高约3.5米，内填五花土，土质较疏松；M2位于M1西北方约50米处，为一土洞墓室，墓室长约2.5米，残宽约1.3米，高约2米，内填淤土，底部有一层厚约0.02米的灰白色板灰，未见骨骼。从墓葬形制结构分析应该属于唐代。由于墓地紧邻316国道，养护公路和村民取土，致使墓葬受到相当的破坏。

[1] 刘宝爱、胡智仁：《凤县双石铺发现一座秦墓》，《文博》1991年6期，第62页。

15. 草店墓（唐）

位于草店村东约150米的断崖上（图二四六）。地势北高南低，呈陡坡状。南侧紧邻凤县至甘肃省两当县的316国道，国道南侧为嘉陵江北岸。在断面上暴露有一条南北向的长方形竖穴墓道，墓道宽0.9米，暴露长度约3米，高度约4米，开口距地表约1米，墓道内填五花土，土质较疏松。墓室情况不详。从墓葬形制分析，应该属于唐代的墓葬。墓葬所在断崖断面上暴露有一条南北向墓道，保存状况较差。

16. 龙家坪墓（唐）

位于龙家坪村东北约50米处的断面上（图二四七）。地势东高西低，呈缓坡状。墓葬东、南、北三面皆为耕地，西邻生产土路。在断面上暴露有一座东西向斜坡墓道，宽1.1米，残高约2.5米，残深约3米，墓道内填五花土，土质较疏松。从墓葬形制结构分析，该墓葬应该属于唐代时期。墓葬仅暴露墓道部分，其下方有盗扰痕迹。

17. 新民街墓群（唐）

位于凤县县城商业中心区，地势平坦，周围商铺林立（图二四八）。据《中国文物地图集·陕西分册》载："面积不详。50年代以来数次暴露洞室墓，出土海兽葡萄镜和陶塔式罐等。"20世纪50年代以来在城市建设中曾有多座洞室墓暴露，现已面目全非，难以寻觅。

18. 何家坪墓（清）

位于何家坪村南约10米处的耕地内（图二四九）。地势北高南低，呈缓坡状。东依通村水泥路，南距红岩河约150米，北距村落约10米，西侧为耕地。据《中国文物地图集·陕西分册》载：俗称"师爷坟"。面积约80平方米，封土早年夷平。墓地存石望柱、狮、马、翁仲各1对，石羊

图二四四
陈家湾墓近景
图二四五
草店墓群远景
图二四六
草店墓近景
图二四七
龙家坪墓近景

第二章 故道干道及沿线遗迹

246

247

图二四八　新民街墓群所在地
图二四九　何家坪墓所在地

1件，石坊门1座；光绪年墓碑1通，碑文已泐。本次调查据村民介绍各种石刻和墓碑已被埋入地下，地表现已无任何遗迹遗物可觅。墓地现为耕地，封土被夷平，墓前石刻被埋入地下。

19. 灵官峡崖墓群（清）

位于何家坪村康家碥自然村西北约200米处的山崖上（图二五〇）。地势陡峭狭窄，316国道从峡谷中穿过，宝鸡至成都的铁路从峡谷南侧穿山而过。在峡谷的南侧为一面高约150米，宽约100米的崖面，从西向东依次分布有六处崖墓（居），M1距河床高约20米，为一半圆形拱顶墓，口高约1.5米，长约2米，用片石垒砌封堵墓口；M2在M1的左上方约40米处，距河床高约60米，为一长方形崖洞，高约2米，长约3米；M3在M2的左下方约30米处，为一长条状的崖洞，高约1米，长约4米，距河床高约50米；M4在M3的东侧约30米处，为一圆拱门状，宽约1.5米，高约4米，距河床高约50米；M5在M4的上方约10米处，近似圆洞，直径约1.2米，距河床高约60米；M6在M5的左侧约8米处，近似圆洞，直径约1米，距河床高约65米。由于崖壁十分陡峭，难以攀登，无法窥其全貌，从其结构分析，应该是属于崖墓的可能性较大，特别是M1用片石封堵洞口的情景，作为崖居可能性甚微。走访村民得知，在当地相传有一种习俗，一部分人死后因各种因素不许入土埋葬的，人们只好将其安葬在石崖面上。该崖墓在凤县地区乃至宝鸡地区都是首例发现。崖墓现暴露于断崖上，风化严重，保存状况较差。

20. 城隍庙（清）

位于张家窑村明天小学东约30米处的空地上（图二五一）。地势平坦，略呈东高西低。东、南、北三面紧邻村庄，北侧有一条南北向的土路从城隍庙和明天小学中间穿过。城隍庙原有建筑大多已经被毁，现只剩一

图二五〇
灵官峡崖墓群远景
图二五一
城隍庙远景

250

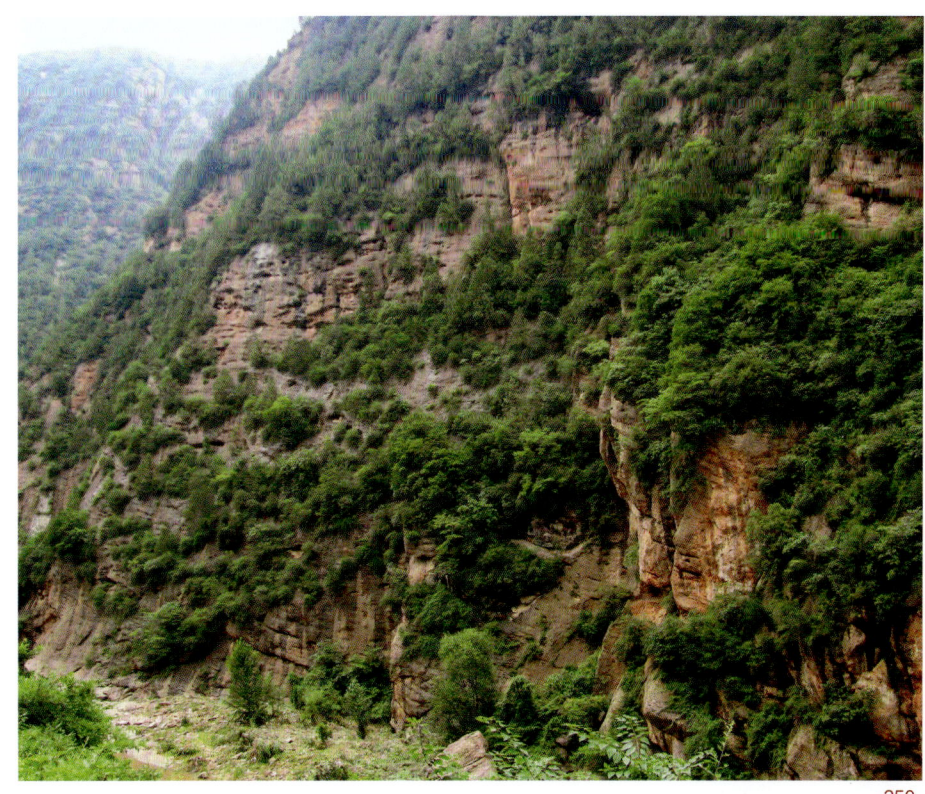

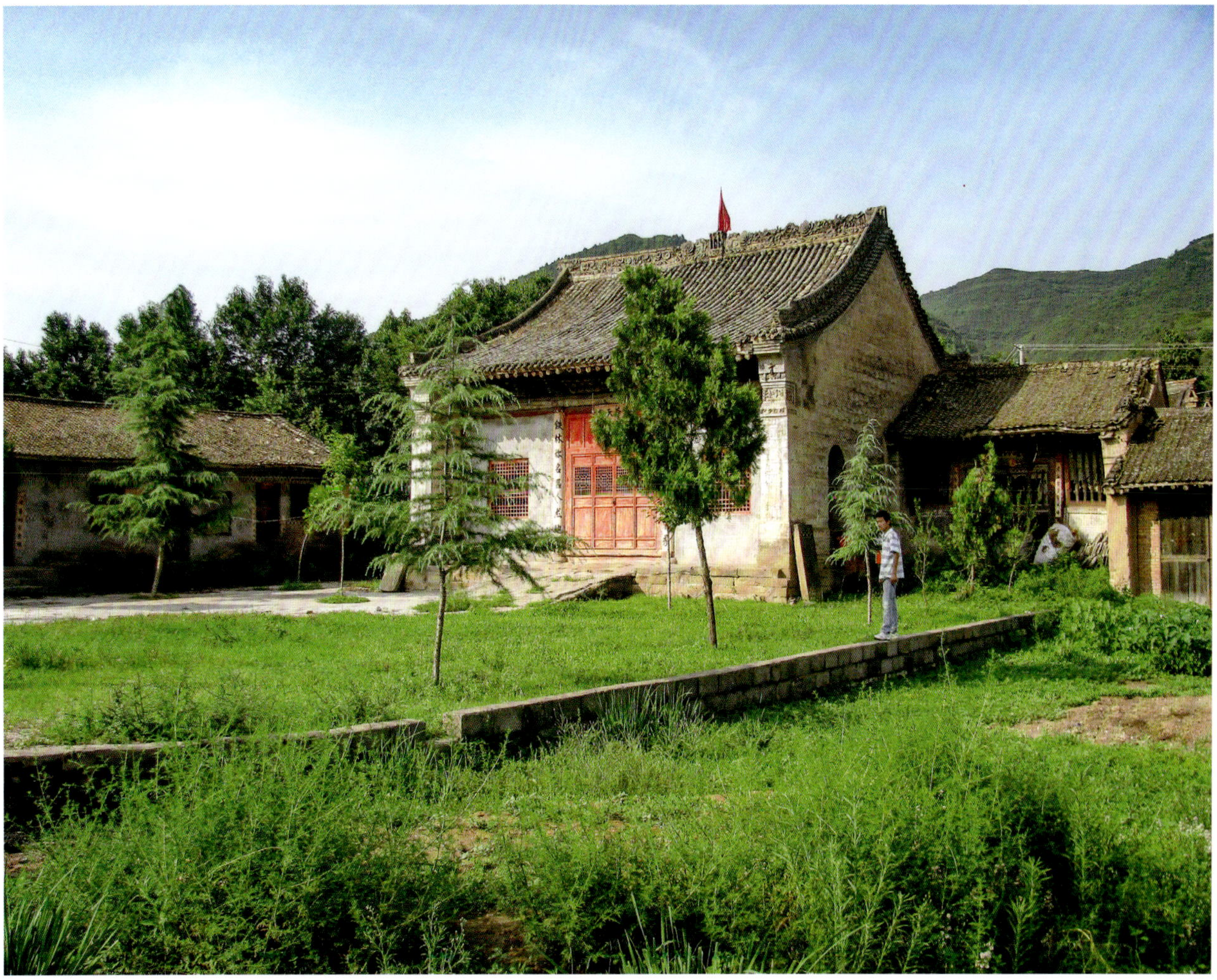

251

座大殿，坐东向西，始建于咸丰年间，同治七年（1868年）重修。土木结构。面阔、进深各三间，五架梁，前后檐带单步梁，柱径0.35米，柱高约7米。硬山灰瓦顶，前檐施通檩和斗拱，殿内原绘有历史故事壁画，因为常年烟熏，内容难辨。遗存有同治五年（1866年）和同治七年修庙捐资和捐地碑两通。北侧间因风雨侵蚀十年前垮塌，村民重新修缮，用红砖更换了山墙，修葺了屋顶。

21. 青峰山宝德寺买地契约碑（清）

位于草店村南山沟（自然村）西约2000米的青峰山山腰处（图二五二）。东距南山沟村约2000米，西距青峰山山峰约800米。砂岩质，身首一体，圆首。通高0.88米，宽0.55米，厚0.06米。碑阳：碑首刻楷书"青峰山"三个大字，碑面有文字11行，满行18字，楷书，碑题为"立卖生熟山地房屋基址园圃文契人黄宗元"，内容记述了"黄宗元因侄亡故无钱安葬由地媒张洪远说和将田地房产园圃卖于青峰山寺院东至……地价共一百六十千文随带地内大粮银二钱二分过于僧丁完纳中见人罗远清"。立约时间"光绪五年（1879年）三月初一日立约"。碑阴：首素面，碑面有文字17行，满行24字，楷书，碑题为"宝德寺主持乐山和尚于寺内所买地土开列于碑永远为记"，内容记述了两份契约。第一份是"立卖生熟地土房基文契人高洪顺因为衣食不足情愿将祖遗□□□生熟地土壹处其地四至东至……四至分明土木□□□合情愿出卖与青峰山宝德寺主持僧乐山名下永远为业……同议定地价钱一百四十串文整随带大粮银一钱过与僧丁完纳地媒念文贵中见人于明道代书陈日新户族高尚□等"。立约时间为"同治四年（1865年）十壹月二十八日立约"；第二份是"立卖坡地房屋文契人黄有富同伯父兴贵因为账债深厚田废□□自愿将祖遗业里窑地土壹处上房五间横房二间楼梯两架碓□场□阴阳二宅土木金石尘土一并扫尽其地四至东至……情愿卖于青峰山宝德寺主持僧乐山名下……同媒言明地价钱一百六十千文随带大粮银一钱八分过于僧丁完纳地媒余光智胡长举中见人罗远清代书张洪远"。立约时间为"同治十年（1871年）十一月十八日立约"。落款为"光绪十三年（1887年）四月吉日住持僧演净立"。青峰山（宝德寺）买地契约碑两面刻有三份买卖土地的契约，内容详细反映了土地交易的过程、四至和地价、税银等问题以及地媒人、中见人、户族见证人等，石碑现倒置于青峰山山腰中，下部字迹漫漶严重，保存状况较差。

22. 重修陵江寺碑（清）

位于草店村四组村南30米处的嘉陵江北岸（图二五三）。为一通身首一体的圆首长方形碑石，砂岩质，通高2.53米，宽0.92米，厚0.1米，方座为村民用水泥后作。碑首阳面有长方形额，额题楷书"皇清"二字，左右两侧各有一个圆镜面，内分别填以"日、月"两字。碑楣有"永垂千古"四字。碑面有楷书义字15行，满行36字，碑题为"草店子重修陵江寺记"，内容记述了陵江寺的由来和重修陵江寺的时间和捐资人姓名及捐款数量等情况。落款为"大清道光十二年（1832年）岁次□□□□"；阴面碑首为浅浮雕二龙戏珠图案，碑面有楷书文字29行，满行39字，内容记述了草店等村落共修陵江寺的事由和经过以及捐资人姓名和钱数，用于供奉释迦佛祖、关帝圣君和文珠菩萨、龙王等诸神灵。石碑保存基本完整，碑体下部文字已经严重漫漶，保存状况一般。

23. 祖师庙碑（清）

位于何家坪村寇家河自然村南约500米的山崖上（图二五四）。东、西、南三面山峰环绕，北距村庄约500米。在高100余米的峭崖上方崖洞内原建有一座寺院，据《中国文物地图集·陕西分册》载：遗存有一通石碑，圆首一体，砂岩质，座佚，碑首高0.15米，宽0.5米，厚0.09米；碑身高0.8米，宽0.5米，厚0.09米。碑首额刻一朵莲花，两侧分刻楷书"永垂千古"四字，边线框。内容记述了重修祖师庙的支持人以及布施人姓名和捐钱数目等事宜，落款为"清道光八年（1828年）二月十八日"。据村民介绍，由于山势险要，多年来香火断绝，久已没有僧人居住，加之多年来的封山育林，致使草木丛生，道路湮没，现在已经无法登临，但是石碑一直在原地保存。碑石现保存在寺院内，由于缺乏保护措施，字迹漫漶加重。

图二五二
青峰山宝德寺买地契约碑
图二五三
重修陵江寺碑

图二五四
祖师庙碑远景

24. 酒奠梁碑（1936年）

位于酒奠梁村南约2000米的山梁上（图二五五）。四周均为山坡，310国道从其东侧穿过，碑石立于路旁西侧。2002年宝鸡市公路管理局为碑石建一钻尖四面坡亭子，台基高0.6米，边长约3.5米，东西两侧建有四级水泥踏步。碑石为花岗岩，身首一体，圆首。通高约2.04米，宽1.07米，厚约0.18米，碑首有一直径约0.2米的圆镜面，内刻篆书"经济"二字，碑面刻楷书"酒奠梁"三个大字，赵祖康题，落款为民国二十五年（1936年）。碑背面原为横向刻槽，2002年被磨平，复制了碑子正面的内容。在石碑的南侧约6米处，有一通宝鸡市公路管理局树立的卧碑，内容记述了310国道的创建和扩建史，胥培才撰文，宋志贤书丹。2002年宝鸡市公路管理局为碑石加盖钻尖四面坡碑亭一座。

图二五五
酒奠梁碑近景

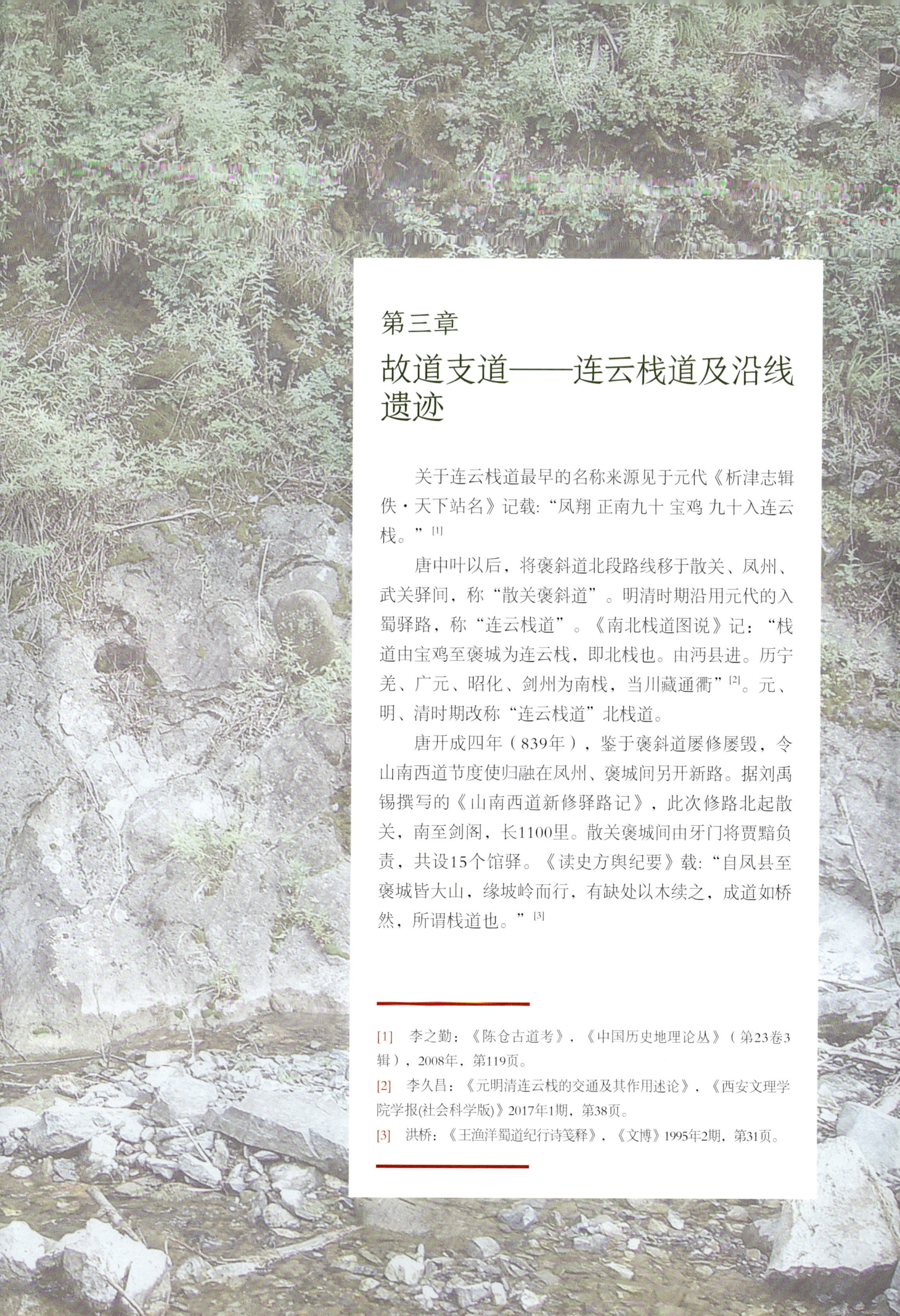

第三章
故道支道——连云栈道及沿线遗迹

关于连云栈道最早的名称来源见于元代《析津志辑佚·天下站名》记载："凤翔 正南九十 宝鸡 九十入连云栈。"[1]

唐中叶以后，将褒斜道北段路线移于散关、凤州、武关驿间，称"散关褒斜道"。明清时期沿用元代的入蜀驿路，称"连云栈道"。《南北栈道图说》记："栈道由宝鸡至褒城为连云栈，即北栈也。由沔县进。历宁羌、广元、昭化、剑州为南栈，当川藏通衢"[2]。元、明、清时期改称"连云栈道"北栈道。

唐开成四年（839年），鉴于褒斜道屡修屡毁，令山南西道节度使归融在凤州、褒城间另开新路。据刘禹锡撰写的《山南西道新修驿路记》，此次修路北起散关，南至剑阁，长1100里。散关褒城间由牙门将贾黯负责，共设15个馆驿。《读史方舆纪要》载："自凤县至褒城皆大山，缘坡岭而行，有缺处以木续之，成道如桥然，所谓栈道也。"[3]

---

[1] 李之勤：《陈仓古道考》，《中国历史地理论丛》（第23卷3辑），2008年，第119页。

[2] 李久昌：《元明清连云栈的交通及其作用述论》，《西安文理学院学报(社会科学版)》2017年1期，第38页。

[3] 洪桥：《王渔洋蜀道纪行诗笺释》，《文博》1995年2期，第31页。

因此，由文献推知，连云栈道的名称是从元代开始的，开辟修建年代为唐开成四年（839年）。完整线路是凤州以北借用故道，南段从武休关向南沿用古褒斜道。武休关，又名"武关"（非陕西商县之武关）或"武关驿"，今名"武关河"，在留坝县武关驿乡武关驿村。武休关原是褒、斜二谷相接处，南为褒谷，关北为斜谷，连称为"褒斜谷"。乾隆三十八年（1773年）设留坝厅，在武休关设驿丞。据《留坝厅志》载："武关驿：褒斜二谷相接处。"[1] 从凤州到武关为新线。该线路一直沿用到元、明、清，都是关中通往西南的官驿大道。具体线路走向为：从宝鸡循故道至凤州，再由凤州西门外南行，越凤岭经心红铺、三岔、留凤关、南星、连云寺、榆林铺、高桥铺，越柴关岭入留坝县境，经褒城、勉县、宁强，至四川省广元。鉴于凤州以北是故道，武休关以南为褒斜道，因此我们把凤州至武休关此段道路特定为连云栈道。

"栈道连云"为凤县八景之一，即位于心红峡与凤州间约30华里一段，多为沿山碥道。直到抗战胜利前夕开通了酒奠梁公路线，自留凤关向西越酒奠梁至双石铺，又向东北沿嘉陵江而上至凤州，这段曾经车水马龙的千年古道才遭废弃，湮没于荒林之中。不过算是因祸得福，连云栈道古迹亦多少得以存留。

一、连云栈道道路遗迹

故道自东北向西南方向，沿现在212省道通行，经过凤州（凤州镇、凤州村）继续西南而行。在凤州村西南分叉连接连云栈道。连云栈道在凤州镇区域的大致方向为西北向东南方向，由凤州村西起（GPS：N：33°56′56.2″，E：106°36′50.2″，海拔1019米）经过马莲滩、磨沟、烟囱沟、南天门，再至心红铺方向，全长约11千米。

（一）凤州至马莲滩

连云栈道是从嘉陵江河谷地上凤岭西麓的山前丘陵地带，凤州村至马莲滩村路长约3千米。

凤州，在双石铺东北11千米，位于安河与嘉陵江交汇处（图二五六）。东有凤凰山，相传远古有凤凰翱翔于此而得名。自秦设故道县至中华人民共和国成立初期，为历代州、郡、县治地。《禹贡》梁州之域。战国时为秦地，秦并天下为陇西郡地。汉高帝分陇西郡置广汉郡，武帝分广汉、陇西郡置武都郡，领县九。其属有故道、河池二县，今州即二县之地也。三国时属魏，明帝太和三年，其地没蜀，魏平蜀后复为雍州之地。现有凤州镇、凤州村。凤州镇，镇政府所在地，原龙口村位置，凤州村东北约4千米处。凤州村为凤州镇所属最大的行政村。

---

[1] 陈显远：《褒斜栈道中几个重要地名考订》，《成都大学学报（社科版）》1989年1期，第86页。

凤州村北边为嘉陵江，江北为豆积山，山上有穴曰"果老洞"，有寺曰"消灾寺"，凤县八景之"消寺晨钟""铁棋仙踪"即在此（图二五七）。凤州传为娲皇故里，为秦汉以来贯通陕甘川三地必经的枢纽之一。南北走向的所谓陈仓道、故道，以及横向联络诸干道的岐山道、连云栈道皆行经此地。

故道至凤州村分叉，西南利用原有村间道路开辟连云栈道。凤州村有

图二五六
凤州村及连云栈道北端入口远景

图二五七
凤州消灾寺石窟远景

凤州古城址，城西依自然冲沟成护城河壕沟，北入嘉陵江。护城河上西门外建有栖凤桥（图二五八）。连云栈道的起点为凤州村西，西南方向至仓坪村三组马莲滩自然村，此段古道路的前段由于宝成铁路建设，部分道路变迁而遗迹无存。南段保存相对完整，沿山坡、沟壑的小路婉转绵延，道路两边灌木丛生，古道路已经被荒废，仅可见中间小路由于附近村民往来而略显狭窄。在马莲滩村西发现有仓坪碥道遗址（图二五九）。

（二）马莲滩至烟囱沟

由马莲滩仓坪碥道遗址开始至烟筒沟全长约5千米。沿山坡外斜向西南方向，道路遇冲沟填平，遇巨石绕行，弯曲上爬。道路大致呈东北至西南方向，宽度约1.53米。由于山石散落导致道路内侧堆积有砂石，原有路面呈斜坡状。道路前段两侧均为低矮灌木，时而零星几棵小树形影相吊，逐渐上行，树木逐渐较多，渐渐没入山林，道路愈加陡峭、曲折（图二六〇、图二六一）。

约2千米到达当地人称"十里碑"的地方，此十里碑名字由来，疑为因此处距凤州村约十里，在断崖上摩崖题刻而得名，但字迹均模糊难辨（图二六二）。有一段人工开凿的石径，当地人俗称"上马石"，较为宽

图二五八
凤州村西栖凤桥近景

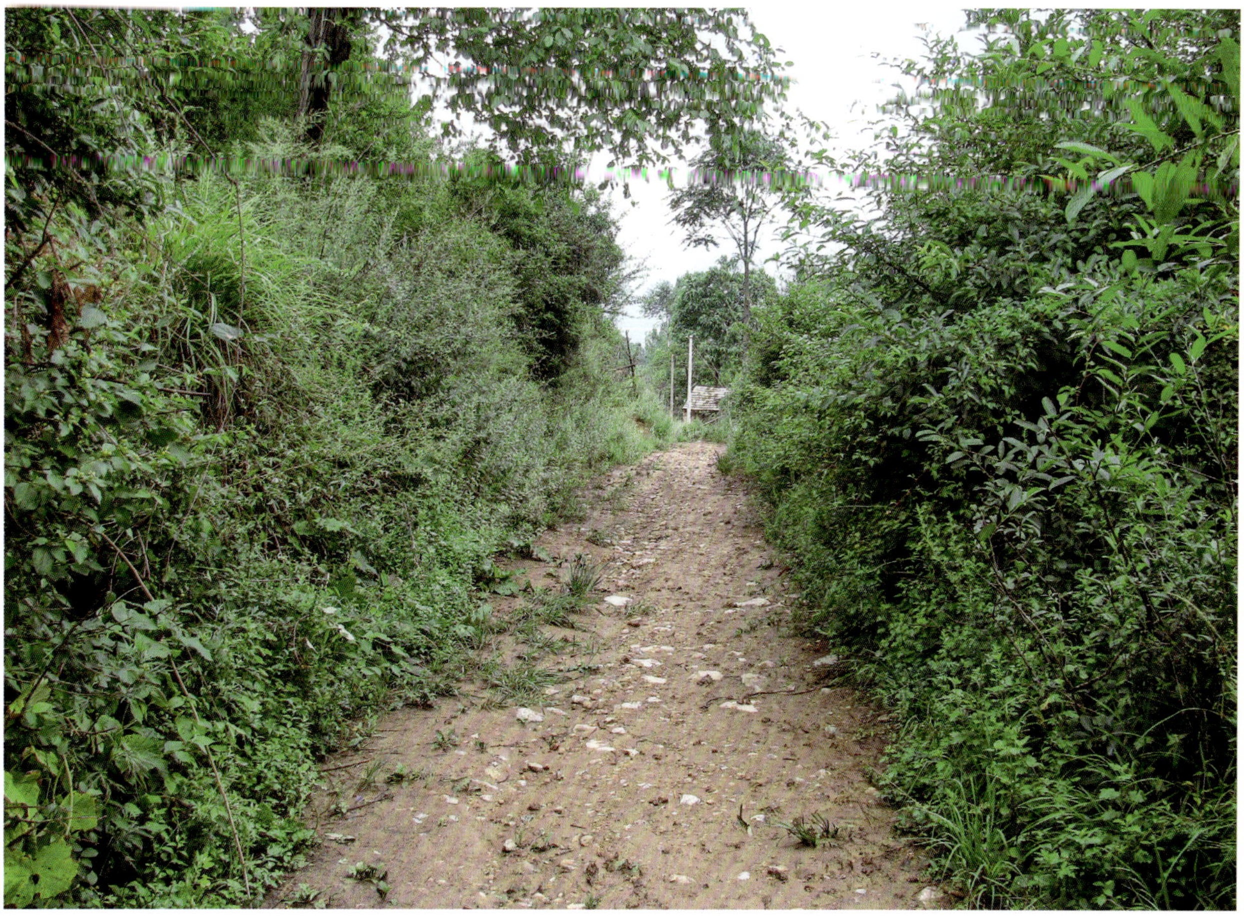

259

图二五九

仓坪碥道遗迹

图二六〇

仓坪村西南连云栈道回望嘉陵江

260

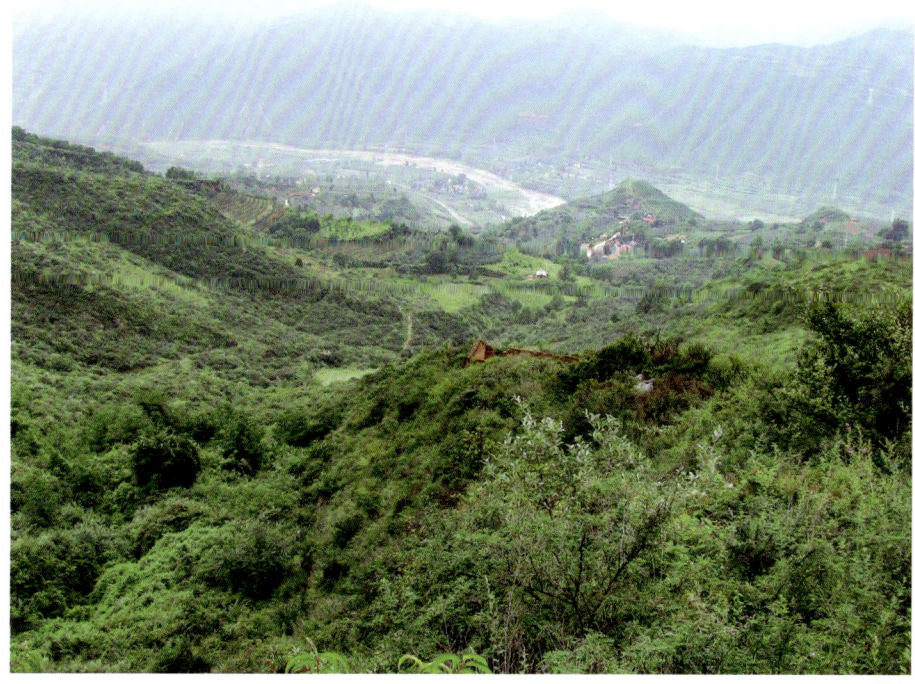

图二六一
仓坪至烟囱沟的前段古道

阔，此段道路应是石碥道。再有"下马石"，在下马石处发现石崖有方形凿孔，应为栈道之用。传说以前此处一巨石有好多方孔，现不存。

蜿蜒前行，道路逐渐平缓。绕过山腰，跨过石家河，山间豁然开朗，一片狭长谷地，到达烟囱沟。此处两岸夹山，中部地势平坦，溪水潺潺，树木青葱，水草丰茂，绿草如茵，野花烂漫。烟囱沟西侧原有村民居住，房屋现荒芜不存，发现有石头根基混乱散落于草丛中，独立有一农作碾场的石碌碡似诉说往事（图二六三）。

（三）烟囱沟至南天门

烟囱沟至南天门之间距离约3千米，几乎全程淹没在凤岭（亦称南岐山）山林之中（图二六四、图二六五）。自烟囱沟南北向的山谷继续向南上行，道路两侧树林密集，遮天蔽日。由于道路被灌木丛生侵占，断断续续相连，宽度约0.51米，道路更加陡峭，曲折通幽，婉转迂回。上行到快接近凤岭山梁顶端的时候出现呈平台状的一条较为宽敞的道路，宽约12米，路面平坦，东北至西南向，约300米至南天门（图二六六）。

262

263

264

265

图二六二
连云栈道至烟囱沟路旁摩崖题刻

图二六三
烟囱沟村旧址

图二六四
从烟囱沟望凤岭

图二六五
烟囱沟至南天门前段

图二六六
南天门近景

266

图二六七
南天门碑刻

南天门为连云栈道的最高处，名称由来抑或是因为高度，所谓"天门"之意，可见一斑。其实"天门"就是于山梁处人工挖开的一段豁口。站于此地，东望南岐山，双峰突兀，山势峻峭；北望可以俯瞰凤州。立得南天门前，不闻风声，但觉寒气飕溜，砭人肌骨。此处发现有数通断碑，碑文"古朝阳寺""使君活我""教闻帝座"等（图二六七~图二六九）。

（四）南天门至心红铺

越过南天门，由此便顺小路而下（图二七〇）。下山之途，不似来

图二六八
南天门碑刻

图二六九
南天门碑刻

时险阻，且易于辨识。一路之上，千峰叠嶂、万木排青，甚是轻松自在。转眼便至最后一道山脊。此处道路分为两支，一条小径沿山脊蛇形至丰岩，可经阴湾至双石铺。另一条便是古道，与南天门颇为雷同，穿山脊而过。顺山而下即为放马坡（小地名），山间谷地甚是开阔，青天碧野，蔚为壮观。顺路沿小河流（烂泥沟）东侧斜下约三五里到闫家桥（小地名）（图二七一、图二七二），在烂泥沟东侧有董家坟碥道遗址，位于三岔镇心红铺村西北约2500米的董家坟（小地名）东北，地势西北高、东南低，为陡坡山地。西南距烂泥河约550米，东北临山崖（图二七三）。遗存有西北至东南向的古道长约300米，宽约13米，块石铺成路面较长，部分路面在岩基上凿成。左侧山根有一石泉汩汩流出。前方不远，便屋舍俨然、鸡犬相闻了，即到心红铺村旧址。此处山形与他山迥异，山皆石体，高耸峻峭，势压南天，又如剑指长空。

继续前行约2500米便是心红铺村（移民搬迁点）（GPS：N：33°52′47.4″，E：106°40′13.7″，海拔1415米），该村现已搬至山前开阔地，砖混结构的现代建筑，水泥路街道（图二七四）。

图二七〇
南天门至烂泥沟段
图二七一
烂泥沟北口
图二七二
烂泥沟碥道遗迹

271

272

第三章　故道支道——连云栈道及沿线遗迹

图二七三　董家坟碥道

（五）心红铺至三岔镇

古道由心红铺村西折南下，行经在心红峡河西岸，到心红峡北口（图二七五），只见重峰叠嶂，山势峻峭，峡口极窄，涧壁刀削，犹如天门线开，有险关隘口的气势。在山坡根开凿有长约90米的碥道，路面铺有石块（图二七六），如今公路顺河谷从其下面经过。继续前行约6千米即到三岔镇（现已合并至留凤关镇）（GPS：N：33°49′58.4″，E：106°39′52.4″，海拔1140米）。

《凤县县志》载：在双石铺镇东南36千米，凤岭南麓，属三岔乡（即三岔镇）。明、清设铺，亦名新凤铺。居民多沿凤岭半腰居住；村落呈长方形，街道南北走向，特产有名贵药材凤党。此铺为古连云栈道上重要铺递。昔日，行旅驮骡，早从凤州出发，经烟囱沟，翻南天门，午至此歇脚，故街上客店饭馆很多。人呼马叫，肩舆穿梭，甚为热闹。宝汉公路开通后，此地衰落。村南心红峡，长约1千米。两岸山势合拢，峭壁突兀，

274

275

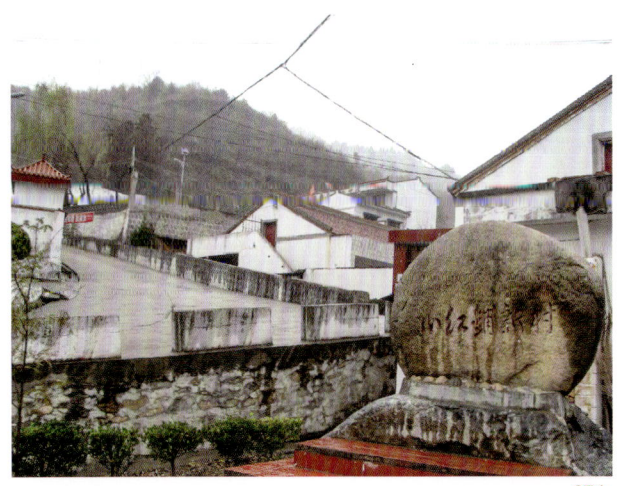

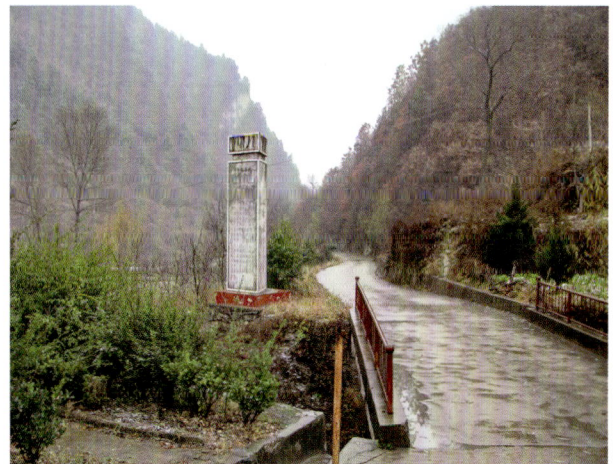

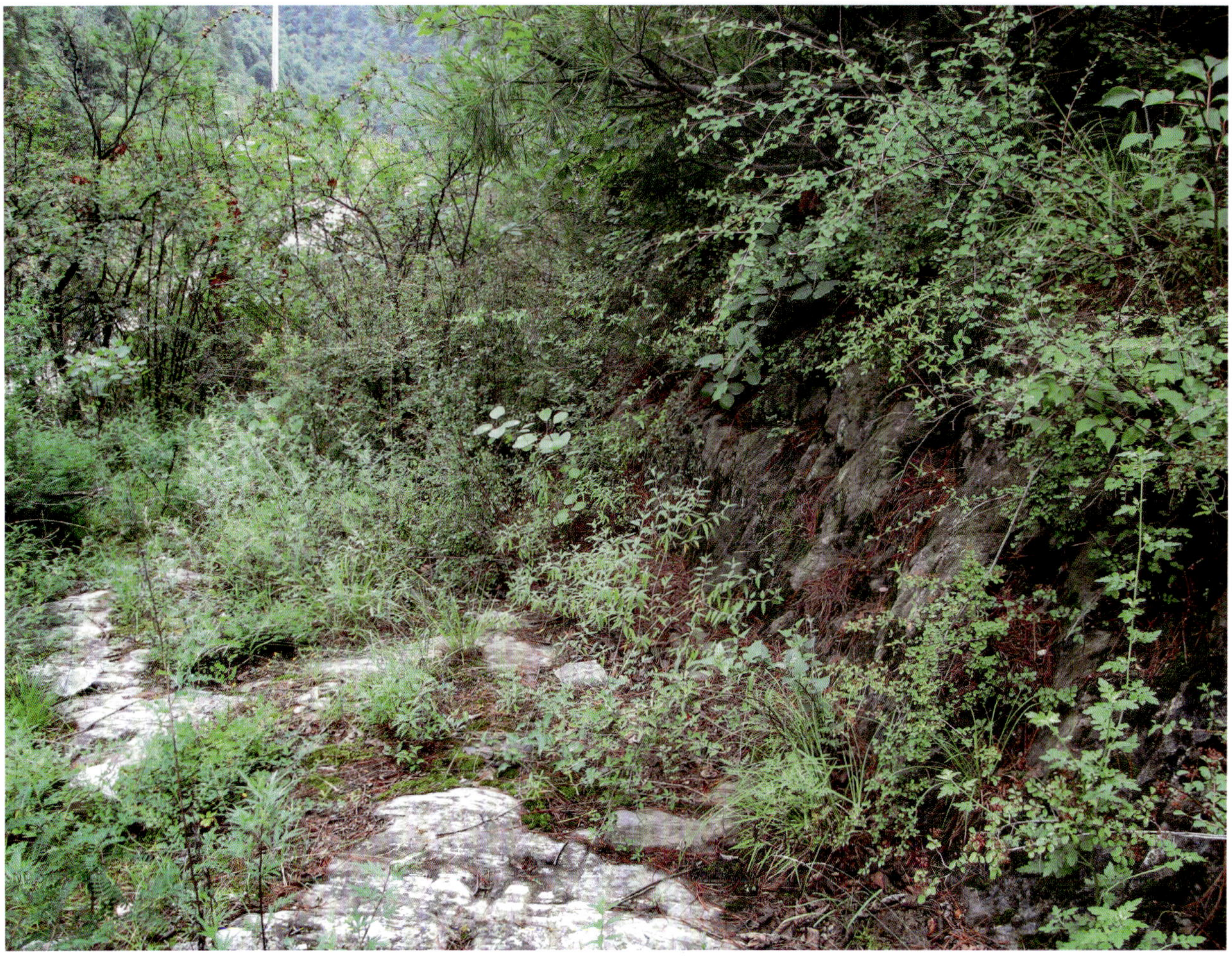

276

图二七四

心红铺村移民搬迁点

图二七五

心红峡北口

图二七六

心红铺碥道路面

峡底最宽处约30米，最窄处约6米，仰视天际，仅见一缕白云，称"一线天"。若遇雨，峡水汹涌，吼声震天，浪花飞溅，形成丈余瀑布，雄伟壮观。峡谷为古道必经之地。两岸石壁有明、清摩崖石刻6处，其中岳飞之后岳礼手书"心红峡"等依稀可辨（图二七七~图二八〇）。

三岔镇（图二八一），属凤县一个小乡镇，现合并至留凤关镇，古称"三岔驿"，位于凤县西南端，距县城约28千米，离316国道约5千米，东临汉中留坝县，南壤南星镇，西接双石铺镇，北与凤州镇比邻，地势北高南低，旺峪河穿境而过。三岔气候宜人、风景秀丽、交通便利、通讯畅通。境内旺峪河畔稀有树种白皮松常年亭亭玉立，县级文物保护单位心红峡古道穿境而过。

（六）三岔至留凤关镇

由三岔西折南行约2.5千米到达马连滩，古道行经在旺峪河西岸，与现有的水泥路相重合。继续前行约2千米即到达留凤关镇所在地（图二八二）（GPS：N：33°49′58.4″，E：106°39′52.4″，海拔1140米）。

《凤县县志》载：在双石铺镇东南约24千米，东沟河与野羊河交汇处，属南星乡。秦汉时名废丘关。清同治元年（1862年）陕西布政使毛震寿在此考察，观其界于留（坝）、凤（县）之交，取"凤兮，凤兮，有凤来仪"诗意，更名留凤关。居民84户、425人，耕地761亩。东北倚霸王山，西南与汉王山隔河相望，双峰嵯峨，二水争

图二七七
心红铺摩崖题刻
图二七八
心红铺摩崖题刻
图二七九
心红铺摩崖题刻

278

279

280

281

图二八〇
心红铺摩崖题刻

图二八一
三岔镇

图二八二
三岔至留凤关镇公路

流。村落呈长方形布局，街道南北走向，有中、小学、供销社、营业所、邮电支局、林场等。村西南袁家岩建有电视插转台。宝汉公路顺村南经过，至三岔、苇子坪有县乡公路。村南关岭上，为"大红袍"花椒主要产地。霸王山遍布珍奇树种白皮松。为古连云栈道主要驿站和军事要隘。清设巡检把总，民国初设县佐衙门，中华人民共和国成立初期曾为留凤关区公所驻地。街南古恩桥头有"楚项羽封章邯处"石碑。村西四坪崇隆道院，属中国古典传统建筑，始建于明代，宏丽壮观，昔时正月十六庙会，极为热闹。清乾隆四十九年（1784年）凤县知县李如桐等曾创建废邱义学，并立碑纪念，石碑现存留凤关中学院内。

留凤关镇原属留坝县辖。1959年凤县、留坝合并，成立南星公社。1960年两县分设，属凤县辖，仍称南星公社。1984年改乡。1997年，南星乡改为留凤关镇。2001年，留凤关镇、瓦房坝乡合并设立南星镇，距县城约24千米。

2011年，撤销温江寺乡、三岔镇、南星镇，合并设立留凤关镇。留凤关，原名废邱关，此地原是凤县和留坝的交界处，故而得名"留凤"。传言汉高祖曾经走马于此，挣断马鞯，故又误讹为废鞯，以后又成废邱。留凤关于秦、汉时为废丘关。清同治元年（1862年）陕西布政使毛震寿更其名为留凤关。留凤关自古为道路要隘，也是连云栈道的主要驿站。清《云栈纪程》记载：废丘本汉时屯运积储之所，其地平衍，四面皆山，易于防守。清代设巡检把总，民国设县佐衙门，地形险要，为兵家必争之地。现今在留凤关村，早年保存较多的古代关驿的遗迹，如今均由现代建筑所替代（图二八三）。

（七）留凤关镇至连云寺

走出留凤关，古道与国道316重合，东折南行途经水磨上、柳湾、腰庄子、南星村、黄家坝等自然村，到达连云寺村（古名"桑坪"）（GPS：N：33°45′30.9″，E：106°40′55.6″，海拔1174米），总长约11.5千米。整个道路沿野羊河东岸南行，穿梭在山谷间，国道316亦是在此基础上加固拓宽而建，古道遗迹现已无存。但在连云寺村仍保留有清代玉皇殿及石碑等古建筑遗存，及树龄500年以上的侧柏两棵（图二八四、图二八五）。

《凤县县志》载：在双石铺镇东南约33千米，按"星野"，其地对应南河星，故名。北靠庙坡梁。村民居住集中，村庄呈长方形布局，老街南北走向。南星为连云栈道上重镇。清嘉庆十三年（1808年）置巡检司于

图二八三
留凤关镇全景

图二八四
连云寺村

图二八五
连云寺玉皇殿

284

285

第三章　故道支道——连云栈道及沿线遗迹

此。历代诗人经此，留下不少诗篇。

白岩河与野羊河交汇处，为连云寺村。以村中有连云寺而得名。居民沿野羊河北岸居住，宝汉公路沿村北东西向经过，为古连云栈道所经之地。村南陈仓沟口为古陈仓道的发端处。村中有清乾隆四十九年（1784年）石碑1通，上书"对面古陈仓道"。进入陈仓沟向西南约1.2千米有陈仓樵夫墓，并有石龙、送驾桥等古迹。

（八）连云寺至柴关岭

从连云寺村东南行约1.5千米到达石佛铺村（图二八六），继续南行约3.5千米到达榆林铺村东（图二八七）（GPS：N：33°45′09.4″，E：106°44′21.0″，海拔1245米），继续沿316国道向西南行至高桥铺村（GPS：N：33°42′37.7″，E：106°47′32.8″，海拔1598米）。走出高桥铺村沿途而上到达柴关岭（GPS：N：33°41′36.3″，E：106°48′08.0″，海拔1608米）。

高桥铺古称松林驿，属留凤关镇。处柴关岭北坡下，松林繁茂，明、清设驿站。居民多沿宝汉公路北侧居住，明、清时为凤县、留坝（厅）驿丞分防处（图二八八）。

柴关岭（图二八九～图二九一）位于县城东南紫柏山东侧，山势险峻。南距留坝县县城约20千米，北距凤县双石铺约55千米。G316公路由北向南盘山而上，穿越此岭入境，是宝鸡通往汉中之咽喉。东西两侧，松柏苍翠，林木繁茂，地势险要，不易攀登，利于凭险扼守。高江公路（凤县高桥铺村至留坝县江西营村）于柴关岭北坡与G316公路交汇，具战略地位。明武宗正德年间（1506～1521年），留坝巡检司驻柴关岭。此关在明朝以前，曾设营把守。清时设步塘，属留坝营，有守兵。

越过柴关岭，顺河而南，抵达汉中市留坝县的张良庙（即庙台子），南至姜窝子接褒斜道，进入汉中（图二九二）。

图二八六 石佛铺村

图二八七 榆林铺村

图二八八　高桥铺村

图二八九　柴关岭垭口

图二九〇　柴关岭汉中界

图二九一　民国柴关岭碑

图二九二　汉中市留坝县武关驿连云栈道与褒斜道交汇处

二、沿线文物

连云栈道涉及原三岔、南星两个乡镇，2011年撤乡并镇后两镇与温江寺乡合并为留凤关镇，连云栈道过凤岭后沿三岔河（三岔河属温江河上游），进入温江河，温江河自东南向西贯穿南星镇，连云栈道沿温江河逆流而上，经柴关岭出凤县界。为了与前文一致，我们仍然将两个镇分别叙述。本段区域虽然河谷狭长，但仍然有早期人类遗址发现。

（一）凤县三岔镇（现并于凤县留凤关镇）

本段连云栈道沿线共发现不可移动文物11处，其中古遗址4处，栈道遗址4处，古墓葬2处，摩崖题记1处。

1. 三岔遗址（新石器时代）

位于三岔镇三岔村东约300米，地势北高南低，为缓坡台地。东临冲沟，南距汪峪河约400米，北距山根约150米。东西长约100米，南北宽约50米，面积约5000平方米，平面略呈长方形。本次调查未发现文化层，仅在地表采集到泥质红、褐色小陶片，无纹饰。属仰韶文化遗存。遗址区现为耕地，种植玉米和花椒。遗址内涵贫乏，保存现状较差（图二九三、图二九四）。

2. 桃花岭寺庙遗址（唐、宋）

位于三岔镇酒铺村东约300米的桃花岭上，地势东高西低，为缓坡台地。北距汪峪河约80米，西距张坡沟河约60米。东西长约100米，南北宽

图二九三
三岔遗址标本
图二九四
三岔遗址远景

图二九五　桃花岭寺庙遗址近景
图二九六　三岔村驿站遗址近景

约40米，面积约4000平方米。岭上现存建筑有钟鼓楼和关帝庙，均为1999年12月新建。当地盛传"安史之乱"时，唐玄宗避乱由连云道入蜀时曾在岭上寺庙上香，在该村王永杰处存有原寺庙楹联下联，刻在长1.3米、宽0.15米的木板上，行书，内容为"救国救民同登福地"，传为唐玄宗上香时所提。1998年重修寺庙时，发现唐宋时期的灰陶板瓦残片。本次调查亦在岭上采集到唐宋时期的泥质灰陶板瓦残片。桃花岭西侧建有登顶的踏步漫道，庙宇为新建，遗址保存现状较差（图二九五）。

3. 三岔村驿站遗址（清）

位于三岔镇三岔村，在心红峡南端出口处，地势北高南低，较为平坦。西距心红峡河约50米，南距汪峪河约100米。南北长约150米，东西宽约60米，面积约9000平方米，平面略呈南北长东西窄的长方形。设建年代不详，现存民国时建筑26座，分布于南北长约150米、东西宽3~3.5米的街道两边。其中街道东侧有12座、面西。街道西侧有16座、面东。面阔35间，均为砖木结构硬山顶，大部分前檐存有木面，部分山墙存有砖雕花卉、博古图案。从建筑形制风格看，为民国时期。该驿站址处在连云道必经之地，是心红峡南端要冲。驿站街道原貌轮廓基本未变，现存民国时的建筑均破损不堪。多数檐墙、山墙等处被改造，保存现状较差（图二九六）。

4. 三岔堡址（清）

位于三岔镇三岔村东北的二阶台地上，地势东北高、西南低，为缓坡台地。西南距三岔村三组约20米，残存城墙三段，偏东侧两段长约36米，北侧一段长15米。墙基厚3.5米，高1.55米，平夯，夯层厚0.05~0.1米。堡墙呈半圆形，相邻于三岔村东北的小高地上，早年村民平地取土已将其大部分破坏，保存现状较差（图二九七）。

图二九七
三岔堡址远景
图二九八
董家坟碥道遗址路面状况
图二九九
心红铺南碥道遗址路面

5. 董家坟碥道遗址（不详）

位于三岔镇心红铺村西北约2500米的董家坟（小地名）东北，地势西北高、东南低，为陡坡山地。西南距烂泥河约550米，东北临山崖。遗存有西北至东南向的古道长约300米，宽约13米，块石铺成路面较长，部分路面在岩基上凿成。碥道沿山体从西北至东南而下行，保存现状一般（图二九八）。

6. 心红铺南碥道（不详）

位于三岔镇心红铺村南约1500米，地势北高南低，为两山夹一川的峡谷地带。东距心红峡河约6米，西临山崖，呈南北走向。在距水泥路面高约3米的山崖上，遗存石凿路面长150米，宽13米。碥道下为通村水泥路，修路时对遗址有破坏，保存状况一般（图二九九）。

7. 心红铺西北碥道（不详）

位于三岔镇心红铺村西北约4500米，地势西北高、东南低，为陡坡山地。呈西北东南走向，西北在南天门向东南经凤岭至烂泥池东约500米。全长约3500米，宽13米。约2000米蜿蜒于山中，多为石凿路面。凤岭下至烂泥池东，路面大多为块石铺成。南天门至凤岭段在20世纪60年代当地村民曾整修过，凤岭至烂泥池段原状保存较好（图三〇〇）。

8. 心红铺碥道遗址（不详）

位于三岔镇心红铺村南约140米，地势北高南低，为两山夹一川的峡

第三章　故道支道——连云栈道及沿线遗迹

图三〇〇
心红铺西北碥道遗址烂泥池段

谷地带。东距心红峡河约50米，西临山崖。在距河床高约15米的西侧山崖上，存有宽13米、长约170米呈南北走向的古道路。路面石凿部分约100米，其余铺有块石。碥道下方为通村水泥路，在修路时使其受到一定破坏，保存状况一般（图三〇一）。

9. 心红铺墓群（清）

位于三岔镇心红铺村东南约500米的半山坡上，地势东高西低，为陡坡山地。南北长约200米，东西宽约50米，面积约1000米。存有墓葬10座，高11.5米，圆丘形封土，前侧下方用块石堆垒成半圆形，其中9座墓前建有石碑楼，通高1.35～3.2米，宽0.85～2.97米。形制分为四柱三间歇山顶和二柱一间庑殿顶两种。前一种最大者为姚氏夫妇墓碑楼，庑殿顶上刻一"寿"字，下横刻"万古佳城"四字。立柱上刻墓联，内容为"父恩母德流芳远、青山绿水富贵长"。立柱两侧置雕花牌面抱鼓石，内嵌道光十八年（1838年）墓碑3通。墓群在半山坡的密林中，全被灌木杂草覆盖，个别碑楼有坍塌现象，保存现状一般（图三〇二）。

10. 三岔张公墓（清）

位于三岔镇三岔村东约350米，地势北高南低，为缓坡台地。南距汪峪河约400米，北距山根约150米。墓葬封土已平，为张公及其妻妾合葬墓。存有清代道光七年（1827年）石碑1通，石灰岩质，通高2米，身首一体。半圆首高0.77米，宽0.92米，方额刻"皇恩"二字，外浮雕双螭。

图三〇一 心红铺碥道遗址局部

首阴刻"皇清"二字，外浅刻双凤图案。长方形身，高1.23米，宽0.88米，厚0.233米，边栏浅雕连枝花卉，上刻"例赠修职郎显考张府君讳耳臣字出纳正淑性之墓"。阴刻"大清道光七年"款及张公生平。墓葬封土已平，存石碑1通，碑座埋于土中，碑身向西北倾斜，保存现状较差（图三〇三）。

11. 心红铺摩崖题刻（明、清）

位于三岔镇心红铺村西南约1000米，地势北高南低，为两山夹一川的峡谷地带。北距心红铺村约500米，南距三岔村约2000米，在南北长约1200米的心红峡河西岸，距地面高约215米的崖壁上，从北自南分布有6处7方题刻。第一处，北距心红铺村约500米，行书，横刻"长虹饮涧"四字，每字长0.35米，高0.3米，年款和题记为"乾隆五年长白方裕题"。第二处在第一处南约15米，存有2方，南侧竖刻"大丁笔"三字，行书，为"岐山月（重）题"，北侧横刻"幽丽奇处"四字，年款和题记为"乾隆四年（1739年）三月、析津朱闲圣题"。第三处在第二处南约50米处，横刻"心红峡"三字，为"岳礼书"。第四处，南距三岔村约2500米，在经修整过高2.5米、宽0.7米的崖壁上，竖刻行书，"云栈第一佳处"7字，题记为"□□书"。第五处，南距三岔村约2200米，行书竖刻"千流飞雪、万叠堆青"8字。第六处，南距三岔村约2000米，在心红峡河西岸巨石上，横刻"翠峰排秀"4字，魏体，年款题记为"嘉靖壬午（1522年）仲春、文岗题"。题记均涂红，个别题刻年款题记因年久风化难以辨识，保存状况较好（图三〇四～图三一〇）。

（二）凤县南星镇（现并于凤县留凤关镇）

本段连云栈道沿线共发现不可移动文物17处，其中古遗址3处，古墓葬5处，古建筑2处，摩崖题记2处，碑刻5处。

1. 留凤关遗址（秦、汉）

位于留凤关村关岭子村（自然村）北约50米处，寺沟河与野羊河交汇处的山梁上，南北两侧呈缓坡向下，地势东高西低，为缓坡状。东靠大山，南距关岭子自然村约50米，西距316国道（凤县段）约100米，北距寺沟河约50米。《凤县县志》记载：留凤关于秦、汉时为废丘关。清

图三〇二
心红铺墓群近景
图三〇三
三岔张公墓近景
图三〇四
心红铺摩崖题刻远景
图三〇五
心红铺摩崖题刻
图三〇六
心红铺摩崖题刻

305

306

307

308

图三〇七
心红铺摩崖题刻

图三〇八
心红铺摩崖题刻

图三〇九
心红铺摩崖题刻近景

图三一〇
心红铺摩崖题刻

同治元年（1862年）陕西布政使毛震寿更其名为留凤关。留凤关自古为栈道要隘，也是连云栈道的主要驿站。清《云栈纪程》记载：废丘本汉时屯运积储之所，其地平衍，四面皆山，易于防守，故谓之陈仓道。清代设巡检把总，民国设县佐衙门，现今是川陕公路（四川陕西）通衢，形势险要，为兵家必争之地。此次调查据当地村民讲：留凤关关隘在清代还在使用，关口分布面积大约200平方米，后来因修建学校、道路等原因，原迹现已无存。留凤关遗址保存状况一般，地表无迹象。关岭上现存石碑3通，"陕军行德政碑""重葺废丘关义学劝树蚕桑合记""留凤关记"碑（图三一一、图三一二）。

2. 干沟门遗址（汉）

位于酒奠沟村干沟门村（自然村）东南约20米处，野羊河北岸的二级台地上，地势东高西低，呈缓坡状。东为耕地断坎，南距316国道（凤县段）约5米，西距干沟门村约20米，北为耕地。遗址平面呈长方形，东西长约50米，南北宽约20米，面积约1000平方米。在遗址区内未发现文化层和灰坑，地表有零星分布的陶片，采集的标本有汉代的泥质灰陶板瓦、筒瓦及陶器残片。遗址区现为耕地，种植小麦，南部被村民住宅叠压（图三一三、图三一四）。

3. 寺坪遗址（宋）

位于留凤关村寺坪村（自然村）西约150米处，野羊河与寺沟河交汇的二、三级台地上，地势北高南低，呈缓坡状。东距寺坪自然村约150米，南距寺沟河约80米，西距野羊河约300米，北至断坎。遗址平面呈长方形，东西长约100米，南北宽约50米，面积约5000平方米。在遗址区内未发现文化层和灰坑，地表有零星分布的陶片，采集的标本有宋代的泥质灰陶板瓦、瓷碗等残片，纹饰有篮纹。遗址保存较差，现为耕地。遗址西南角被寺坪村砖厂叠压、破坏（图三一五、图三一六）。

图三一一
留凤关遗址远景
图三一二
留凤关遗址局部

4. 寺坪墓群（宋）

位于留凤关村寺坪村（自然村）西约100米处断崖上，野羊河与寺沟河交汇的二级台地上，地势北高南低呈缓坡状。东距寺坪村约100米，南临留凤关至三岔镇公路，西距寺坪砖厂约50米，北为耕地。平面呈长方形，东西长约50米，南北宽约20米，面积约1000平方米。在墓群区南部长约50米、高10米的崖面上，暴露二座南北向墓葬，自西向东为M1、M2，暴露部分应为墓室，开口距地表约4米，暴露高度1~1.2米，宽1.1~1.3米。暴露的墓葬均被砖厂取土所破坏。从暴露墓葬迹象及地表散落瓷片判断，墓葬时代为宋代（图三一七、图三一八）。

图三一三
干沟门遗址远景

图三一四
干沟门遗址标本

图三一五
寺坪遗址远景

图三一六
寺坪遗址标本

313

314

315

316

317

318

319

320

5. 许良圩四人合葬墓（清·道光二十七年，1847年）

位于榆林铺村水磨自然村东南约25米的山坡上，地势东北高西南低，呈缓坡状（图三一九）。东南距村民赵金平住宅约30米，西南距316国道（凤县段）约30米，西北距水磨村约25米。墓葬为南北向，墓冢为圆丘形，直径约5米，高约1.6米。墓冢南部砌有石墙，墙中镶嵌墓碑，墓碑为青石质，高1.35米，宽0.72米，厚度不详。碑文介绍了许良圩祖籍安徽太湖县，后迁居至商南县，并殁于商南，其后人将许良圩、其妻、其三子、其三子媳四人骨骸由商南县迁葬在此地的情况。墓葬位于半坡荒草堆中，保存较好。

6. 许世志夫妇墓（清·咸丰壬子年，1852年）

位于南凤村五组（驷马桥）东约30米处的小路旁，地势东高西低，呈缓坡状（图三二〇）。东距小路约2米，西距316国道（凤县段）约40米。

图三一七
寺坪墓群远景

图三一八
寺坪墓群近景

图三一九
许良圩四人合葬墓

图三二〇
许世志夫妇墓墓碑

图三二一
许绵纲墓近景

据村民讲：墓葬早年保存较好，分布约10平方米左右，后因水土流失等其他因素，墓冢现已无存，仅存墓碑一通倒置于路旁。墓碑为青石质，首身一体，碑首长0.57米，宽0.92米，厚0.14米，长方形额内楷书"皇清"二字，两侧减地浅浮雕二龙戏珠。长方形碑身残长1.16米，宽0.92米，厚0.14米，内容为"敕授国子监太学生乡饮介宾显考（妣）许公（母）讳世昌（陈氏）老大（儒）人……"，年款为"咸丰岁在壬子（1852年）三月初八吉日"。墓冢现已无存，墓碑下部残缺，保存较差。

7. 许绵纲墓（清·光绪元年，1875年）

位于榆林铺村水磨村（自然村）东南约20米的山坡上，地势东北高西南低，呈缓坡状（图三二一）。东南距村民赵金平住宅约30米，西南距316国道（凤县段）约20米，西北距水磨村约20米。墓葬为南北向，墓冢为圆丘形，直径约4米，高约1.4米。碑楼位于墓冢南部，顶为庑殿式，两侧及底部用条石堆砌，两侧条石刻有楹联一副"马鬣高封培吉穴、蜂腰曲报护佳城"，内嵌墓碑为青石质，高1.2米，宽0.62米，厚度不详。正文"赠祖孝许公绵纲字安国老大人之□"，年款"光绪元年（1875年）岁次乙亥十二月二十七日"，碑文内容介绍了许绵纲的家族世系迁徙情况及许绵纲的生卒年月、生平经历。墓葬所在位置较为隐蔽，整体保存较好。

8. 吴永和真人墓（清·光绪甲申年，1884年）

位于留凤关村关岭子村（自然村）北约110米的山坡上，地势东高西低，呈缓坡状（图三二二、图三二三）。东靠山体，南距关岭子村约110

米，西距上山小路约10米。据村民讲：墓葬早年保存较好，分布约10平方米左右，后因水土流失等其他因素，墓冢现已无存。墓碑位于墓葬原址西约15米处的关岭寺院中，墓碑为长方形，青石质，长1.56米，宽0.9米，厚0.15米，内容为"龙门羽化恩师道派永和吴老真人云幕/光绪甲申岁（1884年）春三月寒食节监/嗣□徒袁元林敬日/领袖石匠范克朝□□谨□/西蜀纯阳增生国□顿□□识"。墓葬整体保存较差，墓冢现已无存，墓碑现存关岭寺院内。

9. 连云寺村玉皇殿（清）

位于连云寺村三组内，地势东高西低呈缓坡状（图三二四、图三二五）。东距316国道（凤县段）约20米，南距连云寺小学约10米，西距通村水泥路约40米，是一座清代寺庙建筑。坐东向西，面阔三间，进深三间（五架梁），硬山顶，灰瓦屋面，通面阔10米，通进深11米，建筑面积约110平方米。前、后檐墙因20世纪60年代作为生产队仓库使用时改

图三二二
吴永和真人墓远景
图三二三
吴永和真人墓石碑
图三二四
连云寺村玉皇殿远景
图三二五
连云寺村玉皇殿梁架

322

323

324

325

图三二六
连云寺村火神庙近景
图三二七
连云寺村火神庙梁架

为青砖砌，檐柱高4.8米，柱径0.28米，山墙内为土坯，外包青砖，前檐山墙墀头没有砖雕。前檐梁枋上原有彩绘，现已剥落模糊不清。前檐墙开一门两窗，后檐墙部分坍塌。连云寺村玉皇殿保存较差，因失火致使顶部屋面、后檐墙部分坍塌。前檐墙经过改造，中部开门，门两侧为"团结紧张""严肃活泼"标语。玉皇殿现作为仓库使用。

10. 连云寺村火神庙（清）

位于连云寺村三组内，地势东高西低呈缓坡状（图三二六、图三二七）。东距316国道（凤县段）约40米，南距连云寺小学约10米，西距通村水泥路约15米，是一座清代寺庙建筑。坐西向东，面阔三间，进深两间，硬山顶，灰瓦屋面，五架梁，后带单步梁。通面阔10米，通进深11米，建筑面积约110平方米。前、后檐墙因20世纪60年代作为生产队仓库使用时改为青砖砌，檐柱高4.8米，柱径0.28米，山墙内为土坯，外包青砖，前檐山墙墀头没有砖雕。前檐梁枋上原有彩绘，现已剥落模糊不清。前檐墙开一门两窗，后檐墙开有三个窗户。连云寺村火神庙保存一般，前、后檐墙经过改造，对开门两侧书"安全第一""生产第一"。

11. 大德九年经幢（元·大德九年，1305年）

位于留凤关村寺坪村（自然村）西北约150米的山坡耕地内，地势北高南低呈缓坡状（图三二八）。东南距寺坪村约150米，南距寺沟河约150米。据当地村民讲，经幢所在地原为寺庙，"文革"时被毁。调查发现，石碑倒卧在地，柱身为八棱八面，石灰岩质，通高0.77米，直径0.54米，面宽0.2米，上下截面中部有圆孔，孔径7厘米，深9厘米。柱身可辨铭文"水磨上本院……/磨石嘴水磨一动每月……/右具在前□□冀舍田助工檀信□愿……/大德九年（1305年）□岁乙巳清明吉日"，幢身上部刻铭大多已漫漶难辨，下部刻铭保存较好。经幢现置放于露天耕地，柱身上部字文漫漶不清，表面出现多处裂痕，保存一般。

12. 陈仓古道碑（清·乾隆四十九年，1784年）

位于连云寺村三组内水泥路东，地势东高西低，为缓坡阶地（图三二九、图三三〇）。东距316国道（凤县段）约20米，西距野羊河约50米，北距连云寺村至瓦房坝砂石路约30米。石碑镶嵌于废弃民居西山墙内，为砂岩质，圆首、无座，首身一体，通高1.6米，宽0.86米，碑文为"乾隆四十九年（1784年）三月/对面古陈仓道/分巡陕西汉兴道兼管水利驿传事务丰　吉立"，石碑所立位置正对连云寺村至瓦房坝沟口，沟内1988年普查分布古栈道遗址四处。石碑左侧镶嵌"凤县重点文物保护单位"碑，青石质，高0.79米，宽0.5米，内容为"凤县重点文物保护单位/'陈仓道'碑/凤县人民政府/一九八四年十一月二十七日公布"。石碑镶嵌于墙内，字体涂刷为红色，保存一般。

13. 废丘关义学碑（清·乾隆五十年，1785年）

位于留凤关村关岭子村（自然村）西约40米处的留凤关中学操场上，地势北高南低，呈缓坡状。东距关岭子村约80米，南距316国道（凤县至留坝县段）约100米，北距教学楼约30米（图三三一）。石碑为青石质，首身一体，圆形碑首高0.22米，宽0.64米，厚0.19米，两侧饰蔓草纹，中间为花瓣和花朵，方额楷书"皇清"二字。长方形碑身高1.18米，宽0.64

图三二八
大德九年经幢
图三二九
陈仓古道碑远景
图三三〇
陈仓古道碑近景
图三三一
废丘关义学碑

329

330

331

米,厚0.19米,两侧为花纹边栏,首题"废丘关创立义学记",楷书11行,满行40字,碑文记述了留凤关中学的创建史,年款为"大清乾隆五十年(1785年)四月谷旦"。石碑碑座为龟形,下部埋于土中,长1.2米,宽0.76米,暴露高度0.23米。石碑保存一般,常年置于室外略有风化,碑座风化较为严重。

14. "雾霭赤松"摩崖题记(清·道光壬寅年,1842年)

位于高桥铺村四组桦皮沟自然村北约30米处的断崖底部,地势南高北低,呈缓坡状(图三三二、图三三三)。东距316国道(凤县段)约20米,南距桦皮沟村约30米。在断崖底部岩体上(现低于地表),阴刻有高1.92米、宽0.89米的长方形石碑状边栏,栏内楷书"雾霭赤松"四个大字,右侧小字为"道光壬寅年(1842年)菊月众会首立"。题记所处位置低于地表,岩体风化较严重,整体保存一般。

15. "紫柏神峰"摩崖题记(清·道光壬寅年,1842年)

位于高桥铺村四组桦皮沟自然村北约30米处的断崖底部,地势南高北低,呈缓坡状(图三三四、图三三五)。东距316国道(凤县段)约10米,南距桦皮沟村约30米,西距"雾霭赤松"题记约8米。在断崖底部岩体上(现低于地表),有长1.78米、宽0.62米的阴刻长方形边栏,栏内楷书"紫柏神峰"四个大字,右侧小字为"壬寅菊月众会首立",落款"周恒鼎书"。根据其西侧摩崖题记判断,该题记书写年代应是清代。

图三三二 "雾霭赤松"摩崖题记远景
图三三三 "雾霭赤松"摩崖题记近景
图三三四 "紫柏神峰"摩崖题记远景
图三三五 "紫柏神峰"摩崖题记近景

334

335

图三三六
陕军行德政碑

16. 陕军行德政碑（1921年）

位于留凤关村村关岭子村（自然村）西北约100米处的关岭寺门前（图三三六）。1988年普查记载为3通石碑，此次调查发现，关岭寺门前墙体中镶嵌石碑3通，分别为南侧"陕军行德政碑"、北侧"重葺废丘关义学劝树蚕桑合记"碑与中部的"留凤关记"碑。南侧"陕军行德政碑"为青石质，碑首高0.85米，宽0.7米，上方阴刻两面交叉军旗，长方形额内篆书"陕军□德政碑"六字，长方形碑身高1.42米，宽0.67米，厚度不详，碑文12行，满行36字，记述了陕西陆军第三混成团张伯良部剿灭山林"土匪"之"功德"，落款"中华民国十年（1921年）岁次辛酉瑞阳月吉日立"。"重葺废丘关义学劝树蚕桑合记"碑，石灰岩质，首身一体，圆形碑首高0.2米，宽0.75米，饰阴线花草纹。长方形碑身高1.27米，宽0.75米，因嵌于墙内，厚度不详。首题"重葺废丘关义学劝树蚕桑合记"，碑文共15行，满行39字，落款"大清道光十一年（1831年）岁次辛卯孟夏月日三岔驿丞□巡检李丙□题并书"，碑文内容记载了修葺义学及保护桑树林木等事宜。"留凤关记"碑为青石质，首身一体，圆形碑首高0.32米，宽0.77米，两侧阴刻二龙戏珠，方额内书"留凤关记"四字。长方形碑身高1.08米，宽0.77米，因嵌于墙内厚度不详。碑文内容记述了更名废丘关为留凤关一事，落款为"同治元年（1862年）岁在壬戌夏六吉旦/总统汉南诸军陕西布政使丰城毛震寿识/凤县知县豆水郭建本敬立……"。3通石碑中部镶嵌"凤县重点文物保护单位"碑，青石质，高0.79米，宽0.5米，内容为"凤县重点文物保护单位/重葺废丘关义学/劝树蚕桑合记碑/陕军行德政碑/凤县人民政府/一九八四年十一月二十七日公布"。现存石碑3通，"陕军行德政碑"位于墙体南部，保存一般。"重葺废丘关义学劝树蚕桑合记"碑位于东部，表面风化较严重。"留凤关记"碑位于中部，整体保存较好。

17. 柴关岭碑（1936年）

位于高桥铺村一组南约3千米处的凤县南星镇与留坝县留侯镇接界处的山巅路旁小亭内，地势为山间梁顶，南北两侧向下呈陡坡状（图三三七）。东距316国道（凤县段）约5米，西距断崖约10米。石碑为砂岩质，首身一体，半圆形碑首高0.23米，宽1.1米，厚0.19米，中部阴刻国民党党徽。碑身高1.82米，宽1.1米，厚0.19米，两侧无纹饰，正中竖刻"柴关岭"三个大字，碑身右部纪年"民国二十五年（1936年）十月"，左下部落款"赵祖康题"。在小亭南约3米处有一通1996年竖立的"柴关岭碑亭"碑，碑文记述了柴关岭公路修筑的艰辛过程及"柴关岭"碑题款者赵祖康的生平事迹。石碑保存较好，1996年修建有碑亭1座。

图三三七　柴关岭碑

第四章
故道分支道——陈仓道及沿线遗迹

陈仓道又称陈仓沟道，属连云道上的分支道，与故道（散关道）不在同一条道上。《读史方舆纪要》记载："百丈坡，在（沔）县北二十里；《舆程记》：由凤县南百里桑平铺而入，至此而出，路长二百里，为古陈仓道。汉高出故道，袭陈仓由此。"[1]陈仓古道的具体路线，即由连云寺（桑坪）南渡野羊河入陈仓，循山路盘旋而上，越分水岭至三道河。

陈仓道传为汉高祖明修栈道，暗度陈仓，出定三秦之古道。此道从凤县连云寺（古称桑坪），南渡野羊河入陈仓沟南下，到瓦房坝，翻越熊家山到长坪、庄房坝、龙王庙、老庄，继续南行，至张家河入勉县，与连云栈道南线相接。另一路线是从勉县秋田坝沿河而上，经火烧关、月亮坪、闸口石、剑峰垭、田坝子、油房嘴、分水岭，出陈仓沟，抵连云寺，进而翻越秦岭，出大散关而定三秦。

陈仓道因取道陈仓沟而得名。北端起点连云寺，经黄土梁、油房嘴、田坝子、店子上、长坪、庄房坝，终点吊坝了，全长约28千米。

---

[1] 李之勤：《陈仓古道考》，《中国历史地理论丛》（第23卷3辑），2008年，第121页。

一、古道道路遗迹

（一）连云寺至黄土梁

连云寺村为陈仓道北口起点，村中有清乾隆年间的"对面古陈仓道"石碑1通（图三三八），2009年文物普查时，该石碑镶嵌于废弃民居山墙内，本次调查发现原有民居已拆除，并于石碑西侧连云寺至长坪通村公路旁重新树立保护标志碑1通。由此向南过野羊河进入陈仓沟（图三三九），沿水泥路前行2.5千米到送驾桥，分叉折向西北到达黄土梁（GPS：N：33°43′47.7″，E：106°39′44.3″，海拔1528米），全长4.5千米。

陈仓沟口宽约57米，道路靠近沟东侧山根南行，白岩河沿西侧山根，由南向北汇入野羊河，进入陈仓沟约1.2千米，在公路北侧连云寺村白岩河村（自然村）（图三四〇），村民住户西侧约50米的小山坡上，有"陈仓古道墓"1座，墓前立有清嘉庆甲子年（1804年）七月石碑1通（图三四一）。据当地村民介绍：该墓葬传说为当年韩信所杀樵夫之墓。楚汉相争之际，韩信协助汉王刘邦与楚兵相战。韩信为出奇谋袭楚，绕道陈仓沟而行。因道路方向未明，大军停滞不前，适逢一砍柴樵夫，遂下马向樵夫问路，韩信听后，便将樵夫斩杀，部将问何故？韩信称恐樵夫泄露他们的行踪。韩信杀樵夫，虽为民间传说，但该墓葬确实存在，墓前所立清代石碑1通，封土为石块堆砌而成。

此处仅有一户民宅，位于白岩河西岸，河谷宽不足50米，其北约50米为白岩河新村。由此继续向南约870米，到达送驾桥村，沿村中岔路继续向西南方向，顺山谷而上约1.4千米便至黄土梁村。

图三三八
对面古陈仓道碑

图三三九
陈仓沟北口

（二）黄土梁至油房嘴

黄土梁村位于东北至西南方向山谷中的一处缓坡地上，地势南高北低，此处山谷较为开阔，宽约110米，坡度较缓，村中西侧皆为村民开垦的梯田，村民集中居住，通村砂石路从村中穿过（图三四二）。

出村西南继续前行，由黄土梁顺山谷约1.4千米到分水岭（小地名）（图三四三），此处为山谷最高处，呈"凹"字形，砂石路从中间纵贯而过，折向西南约1千米途径朱家院村，沿山谷西行而下约2.4千米，直至长坪河川道，长坪河为南北流向，此处道路南折顺川道南行1.2千米到达油房嘴村（GPS：N：33°45′25.0″，E：106°39′08.4″，海拔1451米），全长约6千米。

油房嘴在双石铺镇东南45.5千米，紫柏山北麓，因早年建有榨油作坊，故名。居民8户、44人，耕地238亩。居民多沿小河北岸居住，街道东西走向，有供销社、信用社、兽医站、卫生所和中、小学等。简易公路至连云寺与G316公路相接。为古陈仓道所经之地。盛产生漆、核桃、蜂蜜、木耳，为名贵药材凤党主要产地。工业有乡办木片厂和木材综合加工厂。

1985年凤县设瓦房坝乡政府：驻地油房嘴。辖油房嘴、田坝子、青龙寺、长坪、庄房坝、瓦房坝6村、22个村民小组。2009年合南星镇，如今合并为留凤关镇。

图三四〇
白岩河村远景

图三四一
陈仓古道墓

图三四二
黄土梁村

图三四三
黄土梁村西南分水岭

（三）油房嘴至田坝子

出油房嘴沿川道南行约11千米，途经大石崖村，到达田坝子村。

大石崖村在双石铺镇东南46.5千米，原属瓦房坝乡，如今合并为留凤关镇。因其地路西有一壁立石崖，故名。居民10户、57人，耕地165亩（图三四四）。处紫柏山南麓峡谷，居民沿上小河北岸点状散居。有简易公路北通油房嘴，至连云寺接宝汉公路；南通长坪至勉县张家河乡。盛产蜂蜜、木耳、生漆、核桃和名贵药材凤党。为古陈仓道所经之地。大石崖正北山上有睡佛洞，高10米，宽28米，长32米，面积896平方米，通风良好，有佛像数尊，其中一较大者作睡卧状，故名睡佛洞。石崖下有鱼洞，据清光绪《凤县志》传：大石崖有石穴，口如巨瓮，在山壁上，去地五尺高，每岁春二、三月有鱼跃出，土人以筐盛之，鱼衔尾而至，顷得百余斤，较网罟尤便。中华人民共和国成立之初，仍有鱼跃出，居民常用箩筐接鱼，后因修水利炸石，洞被堵塞，鱼不复出。

根据凤县第三次文物普查资料的记述，大石崖村北水泥路西的壁立石崖，即为当地人所说的大石崖（图三四五），其上有凿刻有方形栈孔，为栈道遗迹。我们此次调查发现，这些开凿于石崖上的石孔排列混乱，尺寸较小边长仅为0.12～0.15米，且孔内进深太浅仅为0.15～0.2米，即使插入圆木横梁，也不足以承载一个成年人的重量，再加上此处河谷较宽，为80～100米，不需要修筑栈道亦能通行。结合清光绪《凤县志》的记载和当地村民的描述，此处原有佛教寺院，大石崖上亦开凿有石窟造像，后因修水利炸石以及拓宽道路，现已无存，这些石孔应为寺庙开凿壁龛，外搭飞檐所留，和栈道没有关系（图三四六）。

出大石崖村沿长坪河谷向南约1.2千米到达田坝子村（图三四七）。

（四）田坝子至店子上

出田坝子村东南约800米，经殷家院、穆家台，到达围杆坪村。此段河谷宽100～130米，村民居住相对集中，耕地多分布于山根缓坡地带，

图三四四
大石崖村远景
图三四五
大石崖村北"大石崖"
图三四六
大石崖崖面石孔
图三四七
田坝子村远景

344

345

346

347

村落之间有水泥路相通。由围杆坪西折盘山而上，前行约2千米到达周家湾村，西出周家湾村约1.2千米为柏耳沟村（自然村），此处村落均分布于山间坡地上，耕地较少，且较为贫瘠。过柏耳沟村道路经山梁豁口向南折，翻越山梁，约2.3千米到达店子上村（GPS：N：33°40′49.7″，E：106°36′36.0″，海拔1711米）。

（五）店子上至庄房坝

店子上村地处一东西走向的河谷川道中，村民多集中居住于北侧山坡，东出店子上村约1.2千米经老屋里（小地名）道路顺山谷转折向南，继续顺山谷约南行2.7千米，到达长坪村。由老屋里向南山谷逐渐狭窄，宽不足50米，沿途村落稀少，人迹罕至（图三四八）。

长坪村（GPS：N：33°39′06.3″，E：106°35′48.4″，海拔1585米）在双石铺镇东南57千米，原属瓦房坝乡，今合并为留凤关镇，因处熊家梁南麓之峡谷，地较平缓，故名长坪。此处河谷宽约100米，共6户居民、26人，耕地210亩。村落呈带状，街道南北走向。杨家河由村东流过。简易公路向北经油房嘴至连云寺接G316公路，向南经庄房坝接勉县老庄。为古陈仓道所经之地。相传刘邦由汉中出定三秦经此。村南长坪河两岸古栈道遗迹颇多，有3处栈道遗迹，保存情况较为完整（图三四九~图三五一）。盛产木材、核桃、生漆、蜂蜜，为传统名产凤党主要产地。

出长坪村河谷逐渐狭窄，继续南行约2千米到达钻子崖村（自然

图三四八
长坪村五组
图三四九
长坪村五组北栈道遗迹
图三五〇
长坪村五组南栈道遗迹

349

350

图三五一
长坪村六组栈道遗迹

村），继续向南行河道亦蜿蜒曲折，约1.6千米达到拐拐上（自然村），由拐拐上继续向南约1.2千米为庙梁子，此处河谷稍宽，继续南行约1.6千米到达庄房坝村（GPS：N：33°36′44.3″，E：106°35′25.8″，海拔1489米）。

（六）庄房坝至吊坝子

庄房坝村位于一山间小盆地，南北长约300米，东西宽约150米，这里地势平坦，耕地成片，村民集中而居，道路从村中穿过。出庄房坝村继续向南，河谷逐渐狭长，约1.1千米道路顺河谷西折，约300米，到达松林坪村（GPS：N：33°36′01.6″，E：106°35′09.9″，海拔1473米）。自松林坪村起河谷渐宽90~110米，西出松林坪村南下穿越森林前行，直线距离约1千米到达吊坝子村（GPS：N：33°35′15.3″，E：106°35′12.9″，海拔1656米）。走出吊坝子村南约200米即到汉中市的勉县境内。

由连云寺向西过河至送驾桥段均为水泥路面，宽约4米。送驾桥分叉后均为砂石路面，宽约3米。行走至油房嘴（原瓦房坝乡政府）向南为砂石小路，部分地段为土路，宽约1.5米。我们经过实际踏查得知从陈仓道南段的店子上顺沟川西行、南折即到汉中市勉县。此道路森林茂密，早年有小路可通行，现已无法行走。

二、沿线文物

陈仓道涉及原南星镇，沿连云寺村南陈仓沟、长坪河谷而行，沿途河谷曲折狭长，村民分散而居，交通不便，沿途遗存很少，以清代文物遗存为主。

在陈仓道沿线共发现不可移动文物13处，其中栈道遗址4处，古墓葬8处，摩崖题记1处。

1. 椿树坪栈道遗址（不详）

位于长坪村五组（椿树坪）南约1千米处的长坪河南岸岩壁上，西距通村土路约40米，地势北高南低，为山间谷地（图三五二、图三五三）。栈孔分布于长约50米的东西走向的崖壁下部，距离水面0.5～1.2米，现存栈孔20个，均为方形，边长0.12～0.16米，深0.14～0.18米。栈孔间距3～5米。栈孔位于河道东岸，表面风化磨损较为严重。

图三五二
椿树坪栈道遗址远景

图三五三
椿树坪栈道遗址栈孔
图三五四
大石崖栈道遗址近景

2. 大石崖栈道遗址（不详）

位于瓦房坝村七组（田坝子）西北约100米处的水泥路西石崖上，当地人称大石崖，东距长坪河约20米，地势南高北低，为山间峡谷（图三五四、图三五五）。在通村水泥路东的石崖上现存栈孔10个，分布为上下三层。方形栈孔9个，边长0.12~0.15米，深0.15~0.2米，圆形栈孔1个，直径0.15米，深0.22米，栈孔间距3~5米，分布面积约160平方米。栈孔分布石崖位于水泥路边，风化、破坏较严重。

3. 庄房坝西北栈道遗址（不详）

位于长坪村五组西北约1千米处的长坪河西岸岩壁上，地势北高南低，为山间谷地（图三五六、图三五七）。东距长坪村至瓦房坝村土路约30米，东北距水泥桥约40米。栈孔分布于长约80米的南北走向的崖壁上，距离水面1.2~2.5米，现存栈孔53个，其中方形栈孔36个，边长0.12~0.18米，深0.24~0.28米。圆形栈孔17个，直径0.1~0.15米，深0.18~0.22米。栈孔间距0.3~0.6米，13个栈孔内有不规则柱状石桩。栈道位于长坪河西岸崖壁，部分栈孔风化较为严重，整体保存状况一般。

4. 庄房坝栈道遗址（不详）

位于长坪村六组西北约500米处的长坪河东岸岩壁上，西距长坪村至瓦房坝村土路约30米，地势北高南低，为山间谷地（图三五八、图三五九）。栈孔分布于长约50米的南北走向的崖壁上，距离水面1.5~2

第四章　故道分支道——陈仓道及沿线遗迹

355

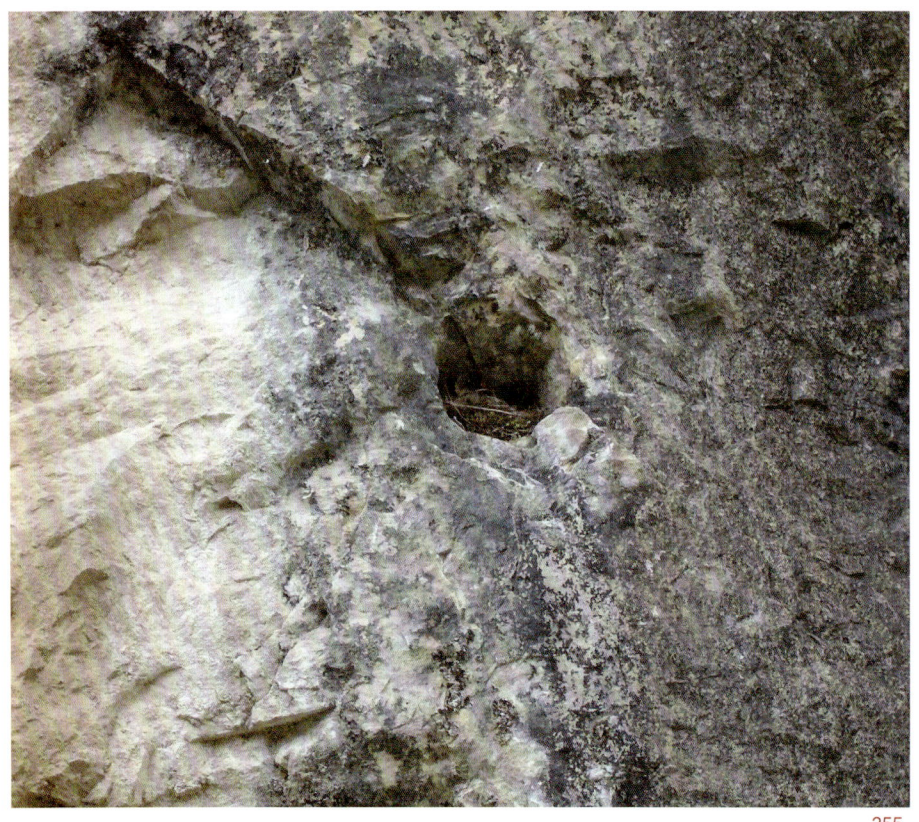

图三五五
大石崖栈道遗址栈孔
图三五六
庄房坝西北栈道遗址近景
图三五七
庄房坝西北栈道遗址栈孔
图三五八
庄房坝栈道遗址远景

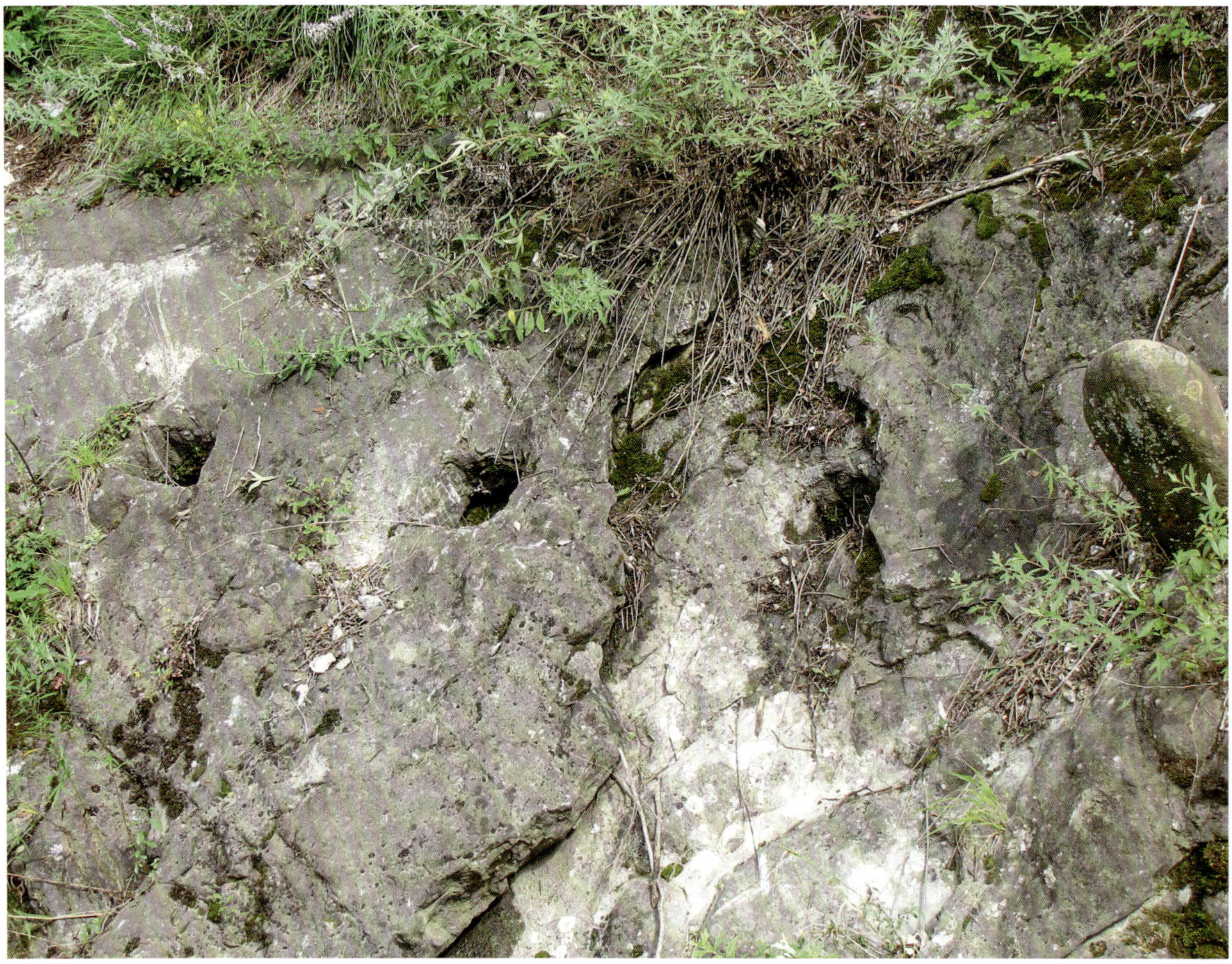
356

357

358

第四章　故道分支道——陈仓道及沿线遗迹

图三五九
庄房坝栈道遗址栈孔

米,现存栈孔33个,其中方形栈孔18个,边长0.15～0.22米,深0.24～0.28米。圆形栈孔15个,直径0.15～0.2米,深0.18～0.22米。栈孔间距0.4～1米,部分栈孔内有不规则柱形石桩。栈孔位于长坪河东岸崖壁,部分栈孔风化磨损较严重。

5. 塔坝和尚灵塔(元)

位于长坪村五组(塔坝)内,地势西高东低,呈缓坡状(图三六○)。东距长坪河约40米,北距村民任自贵住宅约10米。灵塔通高2.8米,石质为砂石质,共七层。最下部为方形基座,一层圆鼓形,二、三层方形,四层六棱柱体,正面刻有铭文,五、六层鼓形,顶部塔刹缺失。四层六棱柱体表面刻有铭文"戒弟子/□□/祥光/□依弟子通□/通记通□/通义通□/临济正宗三十三世□□"。根据灵塔建造风格判断,建造时间应该为元代。该灵塔体型较大,造型精美,灵塔保存较好,顶部塔刹缺失,表面略有风化。

6. 塔坝僧人墓塔(元)

位于长坪村五组(塔坝)村内,地势西高东低,呈缓坡状(图三六一)。东距长坪河约40米,南距塔坝和尚灵塔约7米,北距村民任自贵住宅约3米。墓塔通高2.2米,石质为砂石质,共五层,最下部为方形基座,塔身由块石构件组成,一层为圆鼓形,二层为腰鼓形,三、四层为圆鼓形,顶部塔刹缺失。二层腰鼓形表面刻满铭文,均为众弟子姓名,上部一周大字"智道德广福慧园明性海妙用□□□真成祖会云禅师",下部有"陕西凤鸣白水县石匠邓平郭海"的题款,背部有尖拱形佛龛,龛内雕凿坐佛一尊,风化较为严重,面相模糊。根据墓塔造型、风格判断,建造时间应该为元代。该墓塔造型独特,塔铭题名人数很多。墓塔共为五层,顶层塔刹缺失,整体保存较好。

7. 田坝墓（清）

位于瓦房坝村七组（田坝子）东约300米的山坡上,地势东高西低,呈缓坡状（图三六二）。东北距睡佛洞约200米,西距长坪河约250米,北距小路约20米。《中国文物地图集·陕西分册》记载：该墓葬为圆丘形封土,底径5~6米。前立砂石质二柱一间庑殿顶碑楼1座。柱刻墓联,内嵌道光元年（1821年）墓碑。此次调查经村民带领找到墓葬时发现,墓葬因被盗已严重被毁,地表散落石块、石条,墓碑无存,在墓冢西约3米处,发现长方形砂石质碑座,长1.38米,宽0.61米,高0.35米,卯长0.83米,宽0.18米,深0.12米,保存基本完整。墓葬已被盗,破坏严重,仅存石碑座。

8. 吴家湾墓群（清）

位于长坪村五组东南约2千米处的山坡上,地势北高南低,为陡坡状

图三六〇　塔坝和尚灵塔
图三六一　塔坝僧人墓塔

（图三六三）。南距小路约5米，西距长坪河约400米。《中国文物地图集·陕西分册》记载：面积不详。尚存圆丘形封土2座、同治年间墓碑3通。此次调查，经当地村民指认，找到墓葬所在位置，现存墓葬3座，根据现场散落石质碑楼顶判断，墓碑被人为破坏。墓葬为南北向，封土为圆丘形，自东向西编号M1、M2、M3，M1封土直径约3米，高约1米；M2直径约4米，高约1.6米；M3直径约3米，高约1米。三座墓葬间距约1米，墓冢四周散落堆砌墓冢的石条、石块。墓群保存较差，三座墓葬墓碑均佚。

9. "陈仓古道"墓（清·嘉庆甲子年，1804年）

位于连云寺村白岩河村（自然村）北约100米的小山坡上，地势西高东低，呈缓坡状（图三六四、图三六五）。东距白岩河约60米，南距村庄约100米，北距林业检查站约80米。墓葬为东西向，墓冢为长方形，东西长约4米，南北宽约3米，面积约12平方米。墓冢周围用石块堆砌，墓碑位于墓冢东部，砂岩质，首身一体，圆首，通高1.1米，宽0.66米，厚0.15米，碑文为"徐超栋立碑记/陈仓古道之灵墓/嘉庆甲子年（1804年）七月吉立"。据《凤县重点文物保护单位名录》记载：汉臣韩信离朝出走投奔

图三六二
田坝墓
图三六三
吴家湾墓群近景
图三六四
"陈仓古道"墓远景
图三六五
"陈仓古道"墓

刘邦，行至此地，向樵夫问明道路逃跑后，恐樵夫告知追兵，杀其灭口，埋葬于此。墓葬保存一般，周围堆砌石块随处散落。墓碑北侧立有“凤县重点文物保护单位”碑，青石质，高0.79米，宽0.5米，内容为“凤县重点文物保护单位/‘陈仓道’碑/凤县人民政府/一九八四年十一月二十七日公布”。

363

364

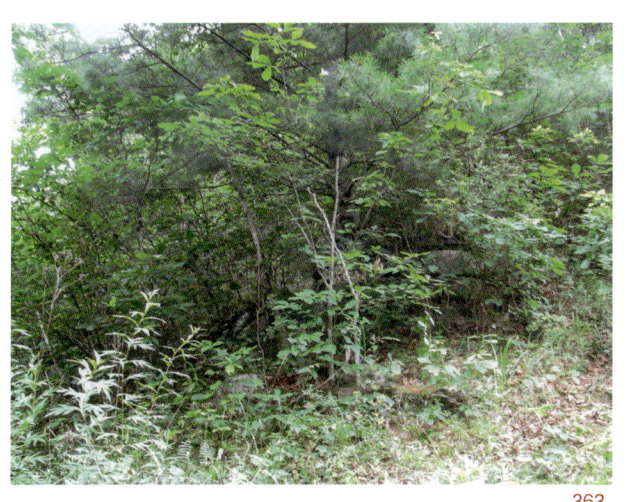

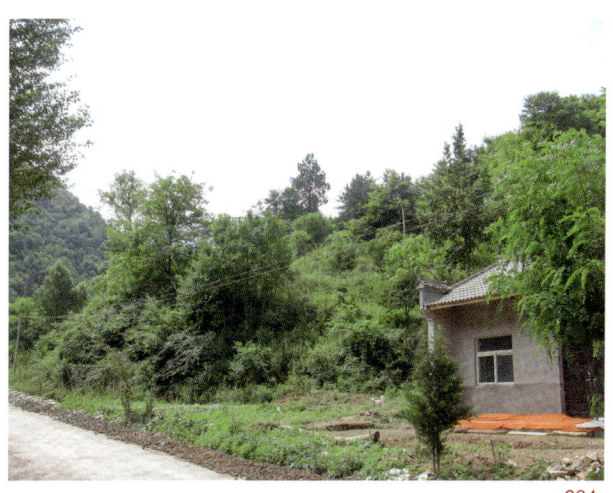

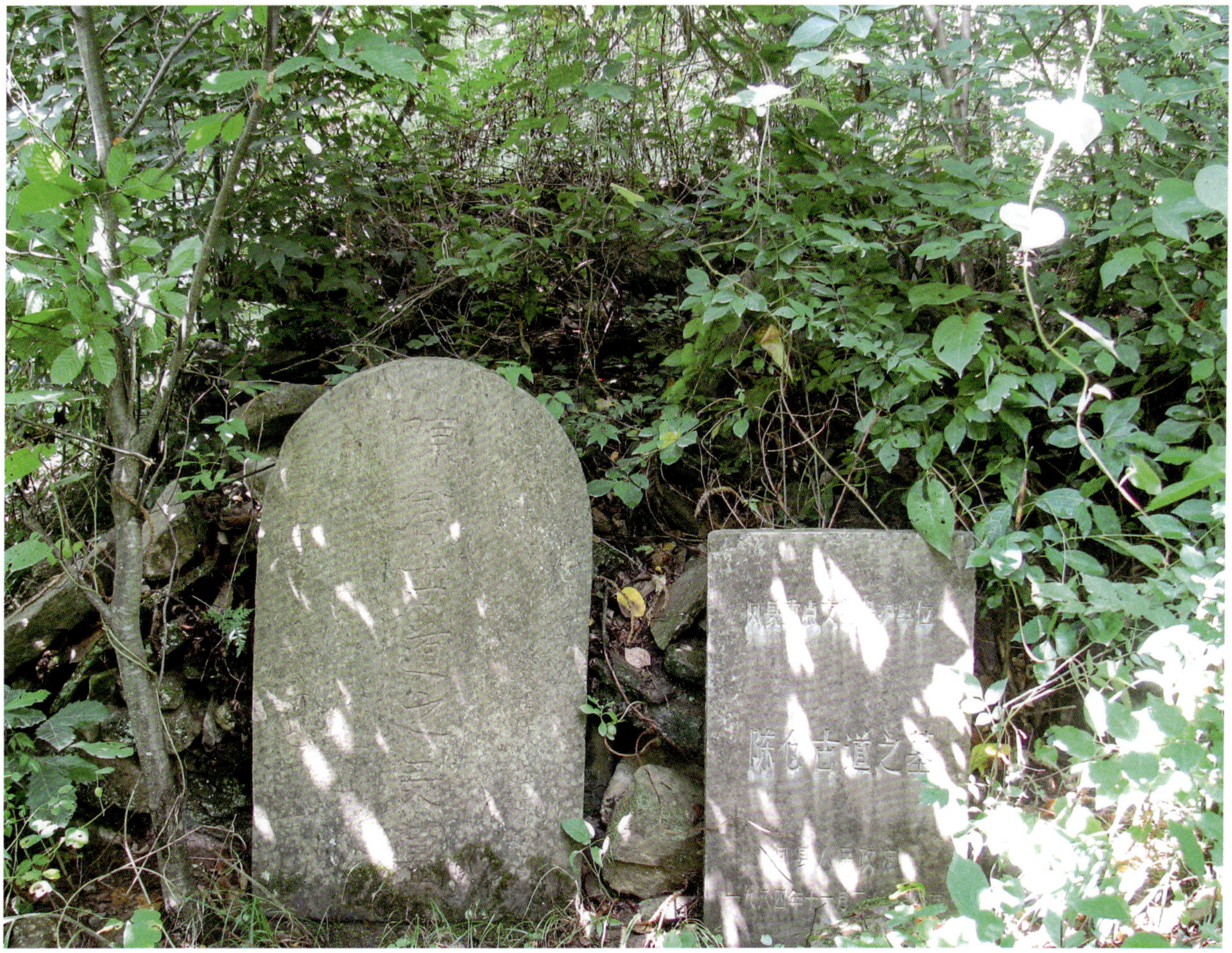

365

图三六六
陈月元墓

10. 陈月元墓（清·道光十年，1830年）

位于长坪村五组（塔坝）西北约20米处的坡地竹林内，地势西高东低，呈缓坡状（图三六六）。东距长坪河约40米，东南距村民任自贵住宅约15米，北距任本琰墓约8米。墓葬为东西向，墓冢为圆丘形，直径约4米，高约1.4米，东部用石块堆砌。碑楼位于墓冢东部，上部为二层攒尖翘角顶，正脊中部为宝瓶。碑楼两侧及底部用条石堆砌，两侧条石刻有楹联一副"全伏元龙堪□后、惟凭曲水可光前"。长方形墓碑镶嵌于碑楼内，青石质，高1.2米，宽0.62米，厚度不详，正中为"故显考陈公讳月元□□"，右侧文字介绍了墓主的生平事迹，大部分漫漶不清。左侧小字漫漶不清，年款"大清道光十年（1830年）庚午……"。墓葬保存一般，碑楼风化较严重。

11. 任本琰墓（清·道光二十一年，1841年）

位于长坪村五组（塔坝）西北约20米处的坡地竹林内，地势西高东低，呈缓坡状（图三六七）。东距长坪河约40米，东南距村民任自贵住宅约20米，南距陈月元墓约8米。墓葬为东西向，墓冢为圆丘形，直径约4米，高约1.1米，东部用石块堆砌。碑楼位于墓冢东部，为庑殿顶，脊部宝瓶掉落一旁，正面刻铭"佳城永固"四字。碑楼两侧及底部用条石堆砌，两侧条石刻有楹联一副"一湾局水转□□、数叠秀山转□□"。长方形墓碑镶嵌于碑楼内，青石质，下部埋于土内，暴露高1.02米，宽0.62米，厚度不详。正中为"皇清待赠任公讳本琰字孔荣老大人……"，右侧介绍了

图三六七　任本琰墓

任本琰的生平事迹。碑左侧小字有"孝男任毓奇媳陈氏……清道光二十一年（1841年）……"。墓葬保存一般，墓碑断为两截，碑楼风化较严重。

12. 庄房坝墓群（清·咸丰十一年，1861年）

位于长坪村七组北约500米小沟口、长坪河西岸的坡地上，地势北高南低，为山间谷地（图三六八、图三六九）。墓群由M1、M2两座墓葬组成：M1东距长坪河约30米，北距小路约10米。墓葬为东西向，墓冢为长方形，东西长约5米，南北宽约4米，封土高约1.4米，分布面积约20平方米。墓冢南部为碑楼，顶为庑殿式，两侧及底部用条石堆砌，条石刻有楹联一幅"千里来龙种福地、子孙发达万万年"，内嵌墓碑为青石质，高1.04米，宽0.57米，厚度不详，底座长1.6米，宽1.06米。碑文正文"清故恩深先妣王母老儒人平性之墓位"，落款"人清咸丰十一年（1861年）仲春月二十二日"，碑文内容介绍了王母的家族世系情况及生平经历；M2黎进凰夫妇墓位于长坪村七组东北约500米的小沟口、长坪河东岸的坡地上，墓葬为南北向，墓冢为圆丘形，直径约4.8米，高约1.8米，四周用石块堆砌。南部碑楼高约2.15米，宽1.47米，厚0.32米，为庑殿顶，两侧及底部用条石堆砌，条石刻有楹联一副"青山藏龙光前代、绿水绕穴启后人"。碑楼内嵌长方形青石墓碑高1.37米，宽0.85米，上部减地浮雕"紫山丁向"四字，中书"皇清待赠（诰）恩深先考（妣）黎讳（门）进凰（鹿洞）字（母）门扬（任氏）真性碑志墓"，落款"嘉庆十六年（1811年）仲冬月班师钟永书修造吉日"，碑文内容介绍了黎进凰的家族世系情况及生

图三六八
庄房坝墓群远景
图三六九
庄房坝墓群墓葬

平经历，立碑时间为1811年。该墓群保存较好，两座墓葬均保存较好，王氏墓位于长坪河西岸，黎进凰夫妇墓位于长坪河东南，两座墓葬间距约100米。

13. 睡佛洞碑刻（清·嘉庆十五年，1810年）

位于瓦房坝村七组（田坝子）东约800米处的独立山峰中部，地势极为险要，崖底为东高西低的陡坡（图三七〇、图三七一）。题记是利用天

第四章 故道分支道——陈仓道及沿线遗迹

然崖体，未加修磨，用阴线在平整的崖面上开槽凿出石碑图样。题记碑通高1.66米，宽0.9米。碑首"睡佛洞尚书基业序"，中部为楷书文字，共12行，满行28字，年款：大清嘉庆十五年岁（1810年）庚午仲冬月谷旦，碑文均用朱砂涂抹。内容记述了睡佛洞早期情况以及面积和修睡佛洞时捐款人姓名与捐款数量。该碑纪年明确，题记碑雕凿于岩石上，无保护措施，风化较为严重，保存状况一般。

图三七〇
睡佛洞碑刻远景

图三七一
睡佛洞碑刻近景

第五章
结语

　　故道北起古陈仓（今宝鸡市）西南清姜河口的益门古镇（今神农镇益门村），向南过大散关，经秦岭梁垭口，顺嘉陵江河谷，经甘肃陇南市两当县、徽县，至汉中市略阳县，最终抵达汉中市。大部分路线是顺嘉陵江河谷而行，嘉陵江古称"故道河"，所以这条穿越秦岭的古道，被称为故道。故道是我国古代关中通往巴蜀地区的主要干道，同时也是沟通长江、黄河两大流域的重要桥梁，为促进川陕地区的政治、经济、军事、文化等方面的交流发挥了重要作用。

　　本次故道沿线调查涉及内容很多，其中比较重要的一项就是注重清姜河、嘉陵江流域古遗址的调查，充分了解其时代特征、遗迹内涵及分布特点，并结合文献史料，对研究故道及其相关问题都有积极的意义。

　　在此次专题调查中我们发现，沿清姜河、嘉陵江河谷两岸，均分布有早期的古人类文化遗存，因此我们可以肯定故道沿线最早自新石器时代开始就有人类沿姜水、故道河的河谷川道来往迁徙，进行渔猎和早期的经济文化交流活动，而此时的故道交通受制于当时十分低下的生产力，完全是先民用脚板踏出的羊肠小道。

　　到了商周时期，随着国家的产生，人口增加和活动范围扩大，故道逐渐兴盛起来，可见，当时的人们对姜水、故道河以及其分水岭秦岭梁垭口有了清晰的认识。通过纵贯秦岭南北的故道，使周人的势力威慑至巴蜀地区，而故道沿线清姜河、嘉陵江两岸分布的西周文化遗存是故道在商周时期逐渐繁荣的见证。

随着秦人的崛起，秦国国力强盛，自战国时期开始大规模整修关中入蜀的道路，其中亦包括故道，《史记·范雎蔡泽传》记载："范雎相秦，栈道千里，通于蜀汉。"[1]为后来的秦国灭蜀，提供了可能。

秦末汉初，故道已经成为人们惯行的路线。前206年，汉王刘邦"北伐三秦"，由于褒斜道被张良烧绝，汉军便由故道北入关中。《汉书·高帝纪》："（汉）元年五月，汉王引兵从故道出袭雍。"[2]《史记·曹相国世家》："汉王封参为建成侯……从还定三秦，初攻下辩、故道、雍、斄（郃）。"[3]（下辩，在今甘肃省成县西北；故道县，在今甘肃省两当县与陕西省凤县之间；雍县治所在今陕西省凤翔县西南；郃在今陕西武功县西南。）可以说秦汉时期是故道最为繁盛的历史时期，同时也奠定了故道成为国家级干道的基础。

第一节

故道之名由来

中国古代入蜀的官驿大道，命名方法，多以河流、峡谷等天然地理标志为依据，比如古道褒斜道，以褒、斜二水，各取其一，得名褒斜，仅用两个字便将所经路线勾勒出来。子午道，以取道纵贯秦岭子午谷而得名。沿清姜河、嘉陵江而行的这条入蜀古道由于年代久远，其名称在历史文献资料上多有出入，叫法不一，且名称亦变化多样，较为繁杂，总结后有以下几种名称：故道、嘉陵道、散关道、陈仓道、陈仓故道等。

故道之名，最早来源于西汉司马迁所著《史记》当中，据《史记·河渠书》记载："抵蜀从故道，故道多坂，回远。今穿褒斜道，少坂，近四百里。"[4]故道与褒斜道同时出现，且地位相当，明确指出西汉入蜀的两条国家级干道。

嘉陵道之名，最早出自东汉班固《汉书》所指的行政区划的县名。《汉书·武帝记》载："（前111年）六年冬十月，发陇西、天水、安定骑士及中尉，河南、河内卒十万人，遣将军李息、郎中令一自为征西羌，平之……以为武都郡。"[5]同书地理志载："武都郡……县九：武都，上禄，故道，河池，平乐道，沮，嘉陵道，循成道，下辨道。"[6]由此可知嘉陵道一词最早指的是县名（即今略阳县）。以嘉陵道这一行政区划来命名入蜀的古道，显然不合适，也容易造成概念的混乱。现在的嘉陵道多指在陕西省略阳县境内，接故道和祁山道沿嘉陵江通往川蜀的古道，实际上

[1]（汉）司马迁：《二十五史·史记·范雎蔡泽传》，上海古籍出版社，1988年，第274页。

[2]（汉）班固：《二十五史·汉书·高帝纪》，上海古籍出版社，1988年，第371页。

[3]（汉）司马迁：《二十五史·史记·曹相国世家》，上海古籍出版社，1988年，第235页。

[4]（汉）司马迁：《二十五史·史记·河渠书》，上海古籍出版社，1988年，第178页。

[5]（汉）班固：《二十五史·汉书·武帝纪》，上海古籍出版社，1988年，第384页。

[6]（汉）班固：《二十五史·汉书·地理志下》，上海古籍出版社，1988年，第519页。

亦属于故道南段。

散关道，顾名思义，指的就是清姜河流域沿河谷经大散关的古道，这条路属于故道北段。

至于陈仓道、陈仓故道，最早出现在元代杂剧中，正史资料并无记载。其中陈仓道是指连云栈道南段分支道，经陈仓沟入汉中留坝县的一段古道，在今凤县留凤关镇的连云寺村以南，其开通年代不可考，但在连云寺村内古道起点发现有清代乾隆四十九年（1784年）三月所立指路碑1通，上书"对面古陈仓道"，为分巡陕西汉兴道兼管水利驿传事务丰吉刊。由此可知，陈仓道的开通时间很可能不会早于连云栈道，亦不可能为汉初韩信"明修栈道、暗度陈仓"之地。因此通过本次调查，我们更倾向于故道这一名称。

故道修筑于何时，现已不可考，秦始皇二十六年（前221年），设故道县（县治在今陕西凤县双石铺乡张家窑村张家窑与龙家坪之间），隶陇西郡，西汉属武都郡。故道县因故道河而得名，至秦所以设县。据《凤县县志·河流》载："故道河即县河，一名大散河，源出大散岭。……故道河水即嘉陵江上游，秦蜀之要津也。"[1]故道这一专用名词，最早出现在西汉的《史记》当中。《史记·河渠书》记载："抵蜀从故道，故道多坂，回远。今穿褒斜道，少坂，近四百里。"[2]意思是从故道入四川多有绕返，路程较远，汉武帝下令凿穿褒斜道后，路程要比故道近四百里。由此可知故道在西汉武帝以前就已经成为关中入汉中的国家级干道，且故道开通年代应早于褒斜道。《史记·高祖本记》和《留侯世家》载：公元前206年正月，刘邦到汉中为汉王时，曾采纳张良烧绝栈道以解除项羽对刘邦戒备的建议，令张良在归途中烧毁了褒斜道沿线的栈道，使故道成为当时入蜀的唯一大道。

第二节

故道交通体系分级

本次故道调查与以往有所不同，力求将所有有关于故道交通相关联的遗迹和线索进行整合，将其作为一个完整交通体系进行研究，不仅仅局限于搞清并区分故道的道路主干，而且要理顺与其相联系的支线道路的修建方式和路线走向，从而在宏观上对于故道有一个更加完整的认识，并了解古道间的相关联系，最终完整地构建一个有关故道的交通网络，突出干

[1] 高颖：《宝鸡地区清代城市地理述论》，天津师范大学，2014年，第49页。

[2] （汉）司马迁：《二十五史·史记·河渠书》，上海古籍出版社，1988年，第178页。

线，区分支线，做到干、支有别，寄希望于能够为以后研究故道提供一个新的研究方向，甚至于在此基础上对不同时期的故道加以甄别，给出一个比较准确的年代区分。

故道历经千年，沿用至今，在各种文献典籍中有关故道的记载，不胜枚举，但古人惜字如金，很难从浩如烟海的文献资料找到故道详细的路线走向信息，支道情况更是无从查起，再加上沿途自然环境的变迁以及朝代地名的更替，给此项工作带来很多难题和挑战。在实际调查工作中我们以文献资料为线索，以实地考察为基础，详细记录故道自然、人文环境相关的各种信息，并根据现在行政区划分段调查，以便搞清各个区间干道、支道的路线走向情况，并区分现存古道遗迹间的从属关系，使故道的整个道路干、支、分支线网络更加清晰。

一、干　　道

就故道干道而言，我们通过以上分段调查的叙述，可以明确地得到其线路走向，甚至明确了古道所经之处的现代村庄、公路、河流的相关联系，可以在现在的地图上勾勒出故道的行进方向。

故道干道，北起宝鸡渭滨区益门村，经清姜河逆流而上，越秦岭梁垭口，顺嘉陵江一路南下，由马岭关嘉陵江支流红崖河折向西北，经两当、徽县、略阳顺沮水至勉县阳平关抵汉中。故道在宝鸡境内北起渭滨区益门村，向南沿清姜河河谷，过大散关，经秦岭梁垭口，进入嘉陵江河谷，自北向南纵贯凤县的黄牛铺、红花铺、凤州、双石铺镇，顺河谷西出马岭关，沿红崖河折向西北，经关底下、何家坪、张家窑、止于龙家坪村，全长约94千米。

二、支　　道

故道支道，即连云栈道，北起凤州镇，翻越凤岭，沿心红峡南下，经三岔河（温江河支流），到达留凤关，顺温江河逆流而上，翻越柴关岭入留坝县留侯镇，经留坝县县城，达到武关驿镇与褒斜道交汇，南端沿用褒斜道，沿褒河至汉中。

连云栈道在宝鸡境内北起凤州镇凤州村，与故道相接，自凤州村西门外南行，经仓坪村、越凤岭经心红铺、三岔、留凤关、南星、连云寺、榆林铺、高桥铺，自凤州村西门外南行，经仓坪村、越凤岭经心红铺、三岔、留凤关、南星、连云寺、榆林铺、高桥铺，止于柴关岭。

三、分 支 道

故道分支道，即陈仓道，北起连云栈道上的连云寺村，向南经陈仓沟，沿瓦房坝河，过分水岭，沿长坪河南下，过吊坝子村至勉县境内的张家河乡，经小砭河乡、茶店镇、武侯镇至勉县。在宝鸡境内北端起点连云寺，经黄土梁、油房嘴、田坝子、店子上、长坪、庄房坝，止于吊坝子，全长约28千米。

由此可知，故道、连云栈道、陈仓道三者两两相接，有从属关系，从其开通年代，亦可推断区分出主干、支线、分支线的三级结构体系。故道自秦始通，而连云栈道、陈仓道的修筑时间远远晚于故道，连云栈道、陈仓道之名最早出自宋元时期的戏曲中，其中连云栈道稍早于陈仓道为唐宋时期开通，而陈仓道应为元代所建。

综上所述我们可以很清晰地推断出连云栈道是从属于故道的支道，陈仓道则为连云栈道的分支，因此至少在元代它们三者构成了一个完整的古代交通三级结构体系。

第三节
故道建筑构造形式及特点

故道是循渭水支流清姜河（古称姜水）及长江支流嘉陵江（凤县段古称故道河）两条河谷而成的一条谷道，是典型的循河觅道路线。其沿途所经以河谷川道为主，道路纵横捭阖于清姜河、嘉陵江两岸，全程不走山梁，顺流水山势而行，趋利避险，虽然横穿秦岭，却不翻越一座大山，垂直海拔落差小，故道虽然较褒斜道里程长，但属宝鸡境内秦岭诸道中路线最为平坦的一条谷道。

故道在宝鸡境内涉及渭滨区、凤县两个县区，渭滨区仅涉及清姜河流域，益门至秦岭梁垭口段，主要途经凤县，贯穿其境，长约98千米，串连神农镇、黄牛铺镇、红花铺镇、凤州镇、双石铺镇、留凤关镇六个乡镇。故道现存的栈道遗迹仅有3处，全线碥道遗存较多。

清姜河下游神农镇，益门村南栈道林湾发现有一处疑似的栈道方孔遗存。嘉陵江（故道河）凤县段，包括双石铺（凤县县城）、凤州、红花铺、黄牛铺四镇，流域内河谷通直，水缓滩浅，地势开阔平坦，自然条件较好,是凤县传统农业区。该段村落沿河分布,道路平直串连乡里,人口较为稠密,交通便利,凤县域内早期人类聚落遗址多集中分布于此,由于地理条件优越,无须开凿栈道亦可方便出行,故此黄牛铺、红花铺、凤州、双石铺四镇栈道遗迹匮乏,仅在黄牛铺、红花铺发现有长桥栈道1处、秦岭梁碥道1处。

故道支道连云栈道,由凤州村南翻越凤岭至三岔村,古道遗迹较多,自仓坪、马莲滩、烟囱沟、南天门、心红铺,沿线共有4处遗迹,均为石铺碥道,宽1.53米,另有摩崖石刻6处7方题刻,分布于心红铺村南心红峡西岸崖壁上。连云栈道以碥道遗存为主(图三七二)。故道栈道遗迹多集中于长坪河两岸,即连云寺南的"陈仓道",在其沿线分布有4处栈道遗存,发现栈孔共计80余孔,分方、圆两种,在庄房坝西北及庄房坝,为石质栈道,部分栈孔尚存石条。

故道现存古代道路遗存数量少于褒斜道,按照结构形式可分为土石道、碥道、栈道、拱桥4种。而且故道的主体,仍然是以传统的土石道路为主,只是在个别险峻地段,需要修筑栈道等。故道的道路遗存特点有两

图三七二
心红铺西北烂泥池碥道

个：第一、故道的主体，仍然是以传统的土石道路为主；第二、道路遗存中碥道遗迹较多，占总体数量一半，栈道匮乏，仅存在分支道。

一、土 石 道

土石道，是指以土石堆砌或在土石相混地段开辟的道路，其有别于栈道、栈桥、碥道，有土石路基，是传统的道路形式。故道在宝鸡境内主要途经渭滨区、凤县，长约94千米，串连神农镇、黄牛埔镇、红花铺镇、凤州镇、双石铺镇五个乡镇。栈道、碥道等道路遗存的总长度，所占比重非常少。本次调查中发现大散关北门外现尚存土石道一段（图三七三）。

二、碥 道

碥道，又称砭道，是指在山坡或崖壁上削坡铲石筑成的土石道路。根据修筑材料的质地又可分为石碥道、土石碥道两种。故道现存的碥道遗

图三七三 散关北门故道遗址

存较多，且多集中分布于翻越凤岭的支道连云栈道上，以土石碥道为主，包括仓坪古道、董家坟古道、烂泥池古道均为土石碥道。石碥道遗迹均位于心红铺村以南的心红峡西岸的崖壁上。土石碥道以董家坟碥道遗址为代表，位于三岔镇心红铺村西北约2500米的董家坟（小地名）东北，地势西北高东南低，为陡坡山地。西南距烂泥沟约5米，东北靠山崖。碥道为西北至东南走向，长约300米，宽约13米，道路削坡而建，路面为土石铺成，部分路段在岩基上凿成，至今尚可通行。石碥道以心红铺南碥道遗址为代表，心红铺南碥道遗址位于三岔镇心红铺村南约1500米，地势北高南低，为两山夹一川的峡谷地带。东距心红峡河约6米，西临山崖，呈南北走向。在距水泥路面高约3米的山崖上，遗存石凿路面长150米，宽13米（图三七四、图三七五）。

　　故道在宝鸡境内虽途经渭滨区、凤县，长约94千米，但现存道路遗迹十分匮乏，仅有1处栈道遗存（秦岭梁垭口原有1处碥道遗存，因旅游开发，现已破坏无存）。相比褒斜道而言遗迹数量较少，结构形式单一。现存于故道干、支、分支道上的古代道路遗存，共计10处，其中碥道均集中分布在支道连云栈道上，有5处之多，数量占总体遗存的50%，栈道遗存仅在其分支道陈仓道上保留有3处遗存。因此，故道最大的特点是碥道遗迹

图三七四
董家坟碥道遗址

较多，占总体数量一半，栈道遗迹匮乏，仅存在分支道。究其原因有以下三个方面：

第一，地理环境影响。故道在宝鸡境内涉及清姜河以及嘉陵江上游地区，清姜河流域，川道狭长，河谷宽80～450米，沿途分布有河岸台地及山间冲积平原，村庄多集中于此，通行较为便利。嘉陵江河谷宽180～1200米，所经区域河谷通直，水流舒缓，滩多水浅，地势开阔平坦，自然条件较好是凤县传统农业区，村落沿河分布，道路平直串连乡里，交通便利，由于地理条件优越，绝大部分路段采用传统的筑路方法，以土石为路基，铺以砂石路面，无须开凿栈道亦可方便出行。而分支道陈仓道途经长坪河流域，河谷曲折狭长，宽60～150米，沿途分布有大大小小的河谷间冲积盆地，只有部分地段通行困难，需要借助地形，开凿栈道，方能通过。因此，栈道遗存多集中于陈仓道上。

第二，碥道优势大。碥道虽为传统的道路结构形式，但是其相对于栈道来说优势很大。首先，碥道的承载性巨大，而栈道对运载工及物资货物都有重量和尺寸的限制。其次，碥道结构简单，维护便捷，修筑成本低，技术要求不高，而栈道、栈桥耗费巨大，建造周期长，后期的维护成本高，需要一定的技术要求。最后，碥道的运输流通效率高，甚至可以随意

图三七五
心红铺南碥道

加宽，从而增加物流效率，可以承载大型的交通工具。而栈道运输效率低下，运营成本高，需要国家投入。所以故道在修筑时，其主体仍是以碥道为主体，在个别地段辅以栈道等特殊结构的道路形式。

第三，改栈为碥。故道是一条多栈道的道路，至宋代，尚有栈阁近3000间。随着科学技术的进步，人们逐渐掌握了依山势"回山取途"修筑碥道的技能，遂以碥道取代栈道。碥道以土石为路基，比栈道牢固，承载能力大，它离开河床较远，夏秋季节不易被洪水冲毁，总体优于栈道。栈道改碥道始于唐宋，盛于明清。唐僖宗光启二年（886年）由凤翔南奔兴元府时，散关北侧尚有栈阁。到元代，益门镇至散关间三十余里路段，已变为碥道。自明代起大规模改栈为碥，草凉驿以北的谷道上，已经没有栈道了。随着栈道数目的逐渐减少，碥道里程在不断增加。至清代，故道支道"连云栈道"之名虽存，但实际上已经没有栈道了。因此，故道现存的道路遗迹，以碥道遗存为主，仅在分支道上保留有少量的栈道。

三、栈　　道

就故道现存的栈道遗迹来说，其建筑结构、修造用料均没有明显的时代差异。对于栈道建筑结构的研究，可以从质地用料、修筑方法、结构形式三个方面入手研究。

第一，质地用料。故道现存栈道遗迹的用料，仅为石质材料。在故道干、支道沿线尚无发现木质结构栈道的遗存，但就古道沿线遗存的大量栈孔推断，木质结构的栈道应占绝大多数。

用木、石两种材料修筑栈道，各有优劣。木质易于加工，秦岭山中林木遍布，用料来源便利。栈道多沿河修筑，木料采伐后即可投入河中顺流漂行，到达目的地，易于运输，节约了大量人力物力。而石材坚硬，抗腐性强于木料，沿用寿命长，在山区开采方便，但加工困难，且韧性不足，再加上运输不便，制约了其大规模的应用。另外，由于石质结构不易榫卯相接，就无法在栈道临水一侧修造护栏，其交通安全性上，也低于木结构的栈道。在后期的道路养护上，木、石也有较大的差异。木质构建易损，古人便在栈道上搭架起棚，防止风雨侵蚀，延长使用寿命，即使木构腐朽也易于更换。石质虽然寿命长于木质，但更换维修相对困难。总体上来说木质材料，在耐腐朽及坚固程度上与石质材料有差距，但其使用成本远低于石料，投入耗费少，建造周期短。而且故道的主体，仍然是以传统的路基道路为主，栈道为辅，只是在个别险峻地段，需要修筑栈道，与传统道路相衔接。因此石质结构的栈道虽然保存时间更长，但其规模远远低于木结构的栈道。

故道上的石质栈道，均分布于其分支道陈仓道上，以庄房坝西北栈道为代表，该遗址位于长坪村五组西北约1000米处的长坪河西岸岩壁上，呈

图三七六
庄房坝西北栈道遗址

南北走向，现存栈孔53个，其中13个栈孔内插有长条形的石质横梁，梁上铺有大小不一的石板，垒砌成路面，且结构较为完整（图三七六）。

第二，修筑方法。采用柱孔结合的基本结构。现存栈孔，主要有方形、圆形两种。栈孔侧壁刻有排水槽，或者加大下方孔壁的倾斜面，以便于排水。方形为梁孔，圆形为柱孔。梁孔呈方形，内插梁木，以防其转动。柱孔呈圆形，利用圆木立柱，减少加工难度，降低水流冲刷力度。

第三，结构形式。主要分单层、多层两种结构。单层结构，形式单一，有梁无柱，即平梁无柱式。以陈仓道上的椿树坪栈道最为典型，该遗址位于长坪村五组（椿树坪）南约1000米处的长坪河南岸岩壁上，呈东西走向，距离水面0.5～1.2米，现存栈孔20个，均为方形，边长0.12～0.16米，深0.14～0.18米。栈孔间距3～5米，采用单层排列，其下无柱孔，是典型的平梁无柱式结构（图三七七、图三七八）。多层结构，形式多样。梁、柱的具体形制，主要在立柱的变化上，梁与柱的衔接固定，没有实物资料可供参考，因此，可以推测为榫卯抑或用铁钉加固。单梁单柱，单梁多柱，多梁多柱，梁柱越多，承重性好，从故道现存的多层结构栈道遗迹

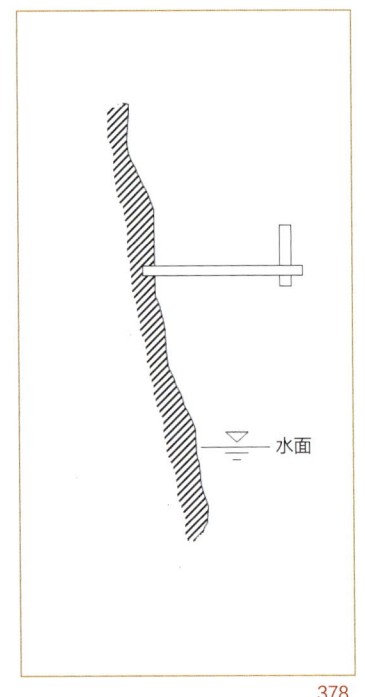

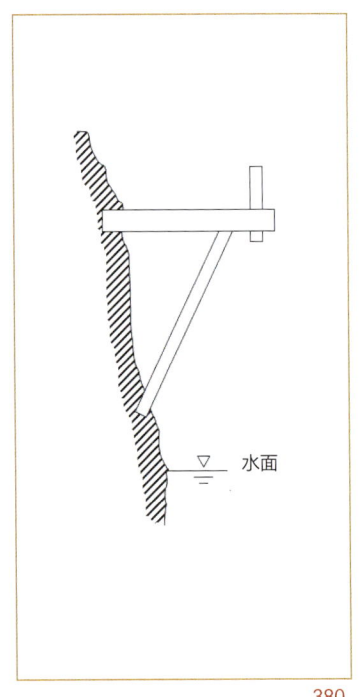

来看，可分平梁斜柱式、斜坡搭架式。

平梁斜柱式，即平梁直柱加斜撑结构或平梁斜柱结构。此种栈阁多是由于崖陡水深，无法安装立柱的情况下建筑的，或是立柱过高，为了加强支撑力量而设计的一种形式。以长桥栈道为代表，该遗址开凿于嘉陵江河东岸山根，西侧紧邻川陕公路（四川陕西），其东侧山根崖上为宝成铁路49号黑湾隧道，栈道为西北东南走向，全长15.41米，距河面高约12米。有方形栈孔10个，长0.37米，孔距13.5米。分两层排列，梁孔水平，深0.37米，柱孔有一定的倾斜（图三七九、图三八〇）。

图三七七
椿树坪栈道遗址

图三七八
平梁无柱式结构平面示意图

图三七九
长桥栈道遗址

图三八〇
平梁斜柱式结构剖面示意图

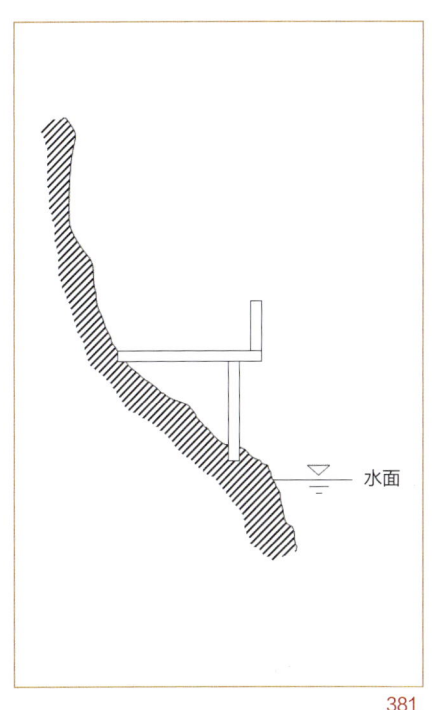

图三八一
庄房坝西北栈道遗址

图三八二
斜坡搭架式结构剖面示意图

　　斜坡搭架式，即在崖岸比较倾斜、坡度比较平缓的坡面处，依坡凿排柱孔立木柱，上装木梁，连接梁柱构成框架，梁上铺板，构成路面。临水一侧施以栏杆，此种栈道形制类似多跨式桥梁。陈仓道上的庄房坝西北栈道，由于所处河岸比较倾斜，亦采用此种结构，该遗址位于长坪村五组西北约1000米处的长坪河西岸的倾斜岩壁上，东距长坪村至瓦房坝村土路约30米，东北距水泥桥约40米。栈孔分布于长约80米的南北走向的崖壁上，距离水面1.2~2.5米，现存栈孔53个，其中方形栈孔36个，边长0.12~0.18米，深0.24~0.28米；圆形栈孔17个，直径0.1~0.15米，深0.18~0.22米。栈孔间距0.3~0.6米，13个栈孔内有不规则柱状石桩（图三八一、图三八二）。

四、拱　桥

　　拱桥指的是在竖直平面内以拱作为结构主要承重构件的桥梁。故道支道现有1座石拱桥遗存，为连云栈道北起点栖风桥，该遗址位于凤州村西门外的护城壕沟上，为单孔式尖拱形石桥。相传建于明代，清代重葺修缮。桥梁为东西走向，全长约20米，宽1.2米，高8米，拱高2米。现桥面下约5米为最初之桥基，原桥用长0.28米、宽0.18米的砂岩质石条错缝叠砌，上部用土夯筑加高，桥面铺有石条（图三八三）。

图三八三
栖凤桥远景

第四节

故道开通年代推断

　　本次调查我们发现，故道沿线的清姜河、嘉陵江流域均发现有早期人类活动形成的聚落遗址，甚至在其支道连云栈道的三岔河（温江河支流）亦有发现。故道沿线的早期人类遗址（新石器、商、周）在数量上远超褒斜道（褒斜道沿线共有7处），其中清姜河流域8处，嘉陵江流域21处，而且这些遗址时代延续性较长，经过统计包括：新石器（包括仰韶、龙山文化）、商、西周、春秋、战国、秦汉、唐宋、明清等。由此可知，故道所经区域开发时间最早可以到新石器时代仰韶文化晚期，一直延续到明清。可以推测，早在新石器时代沿清江河、嘉陵江两岸就分散聚居着许多古人类部落或部族，为了方便渔猎和文化交流活动，古代先民们顺河流迁徙，用双脚踩踏形成了最原始状态的"故道"。从周原遗址考古发掘的甲骨文显示，在周文王时就有"伐蜀""克蜀"的军事行动，以至于武王克商就有蜀人协助。从故道沿线分布的众多商代的遗存推测，四川地区的蜀人很有可能，通过故道与周原地区的周人有着密切的来往。在商周时期故道就已经成为一条关中、汉中地区的文化交流，互相发展、互相促进的桥梁。巴蜀、关中地区的古人通过清姜河、嘉陵江，寻河觅道，使长江流域和黄河流域的经济文化交流活动成为可能。

关于故道具体的开通年代，仅从沿线残存的碥道推测，很难做出一个确切的论断。早在西周时，宝鸡渭水之南分封有散国，"散氏盘"铭文中记有"周道"，据清代著名学者王国维考证，此"周道"即故道。秦时，设故道县（县治在今陕西凤县双石铺乡张家窑村张家窑与龙家坪之间），隶陇西郡，嘉陵江因此又称故道河。通过查阅现有的历史文献资料我们发现，故道最早出现在《史记·河渠书》："汤问之，言：抵蜀从故道，故道多阪，回远。今穿褒斜道，少阪，近四百里，而褒水通沔，斜水通渭，皆可以行船漕。"[1]由此可知，在汉武帝计划开凿褒斜道，沟通漕运之前，故道就已经存在。因此故道的开发时间也早于褒斜道。

故道是秦蜀诸道（褒斜、傥骆、子午道）中保持驿路地位时间最长的一条交通干道。秦汉时期，故道为官驿大道，散关亦成为扼守西南的门户。全国统一时期，京都无论是设在长安、洛阳、开封或北京，它都是京师连接川、藏、云、贵各省、区的交通纽带。南北分裂割据时期，常常成为敌对双方争夺的主要目标。

历史上利用故道南征北伐的军事行动达数十次之多，其中，北伐而成帝业者只有汉王刘邦。相反，由关中经散关道出兵南征而形成局部统一或全国大统一的事例则不胜枚举。东汉献帝建安二十年（215年），曹操亲统大军出散关经故道夺取了汉中。南北朝时期，西魏丞相宇文泰于大统十七年（551年）派雍州刺史达奚武率兵出散关，围南郑，汉中遂为西魏所有。西魏废帝二年（553年），宇文泰又命大将尉迟迥率步骑3万征蜀，魏军"自散关由固道出白马，趣晋寿，开平林旧道。前军临剑阁，纪安州刺史乐广，以州先降"[2]。北宋乾德二年（964年），派王全斌等由散关经固道攻剑州，灭了后蜀。

南宋和蒙古对立时期，蒙古兵曾利用散关道攻金、灭宋。宋绍定四年（1231年），蒙古大将拖雷借口南宋边境守将杀害蒙古使臣，领兵5万，由凤翔出散关，攻卜凤州后，主力由连云栈转入河南，后与金兵大战三峰山（今河南省禹县南），消灭金军主力。宋端平二年至三年（1235～1236年），蒙古窝阔台汗命皇子库春统诸军折由连云栈道南下，不一月攻下成都，完成了从凤翔经汉中而至成都的蜀道全程大进军。宋宝祐六年至开庆元年（1258～1259年），蒙古蒙哥汗自领大军从六盘山经宝鸡、汉中、出利州南攻保宁（今四川省阆中市）和合川钓鱼山，欲与忽必烈、兀良哈台合力攻灭南宋。

明洪武三年（1370年）五月，大将军徐达率诸军由凤翔入连云栈道攻取兴元，并进攻四川消灭明氏夏国政权，统一了全国。

---

[1] （汉）司马迁：《二十五史·史记·河渠书》，上海古籍出版社，1988年，第178页。

[2] （唐）令狐德棻：《周书》，中华书局，1971年，第350页。

清朝平吴三桂叛乱和大、小金川叛乱，都是故道出兵征讨。

自故道开通以来，历经千年，几多兴废，在中国交通史上发挥了重要作用。随着科学技术的进步，公路、铁路的兴建，古老的故道也发生了新的变化。民国二十三年（1934年）四月，国民政府出于军事、政治需要，组织公路建设专家沿故道勘察设线修建宝汉公路。次年11月宝汉公路开工建设，民国三十五年（1936年）五月竣工通车。后公路延伸，由褒城南行经勉县、宁强入川，成为西北通往西南的重要交通要道。宝汉公路在凤县境内121千米，中华人民共和国成立后，屡加改造，桥涵亦建为永久性。1973～1976年，筑为渣油路面，技术等级达3级公路标准。华（家岭）双（石铺）公路，民国二十七年（1938年）由陕、甘两省建设厅分段建筑。从甘肃省两当县杨家店入境至双石铺，长15千米。1973～1976年，铺筑渣油路面，达到3级公路标准。

宝（鸡）双（石铺）轻便铁路，修筑于民国二十六年（1937年），抗日军兴，南京国民政府军事委员会后方勤务部拨款，铁道兵团施工，沿宝汉公路宝鸡观音堂、东河桥双石铺区间之左侧路肩，铺设轨距60厘米轻便铁路，是年8月建成。凤县境内66千米，沿途分设6个车站。单车载重1吨，缓坡地段1～2人推送，陡坡处增人接运。以运输军用物资为主，兼运民用货物。民国三十四年（1945年）拆除。

宝成铁路1954年动工修建。1956年3月17日铺轨至凤县境东河桥；4月28日第一台机车驶入凤州火车站；5月19日铺轨机车通到县城双石铺；7月12日南北两段于黄沙河附近接轨，全线贯通。铁路从秦岭隧洞入境，至马岭关峡出境，行程74千米。1958年元旦正式营运，是年6月，开始电力牵引施工，于1961年8月首先开通宝鸡凤州段；1972年10月开通凤州略阳段；1975年7月全线贯通。宝成铁路在凤县境内设秦岭、黄牛铺、红花铺、油房沟、凤州、七里坪、双石7个站，日客运过境车11对，货运过境车36对。年货运量1.35万吨，周转量72.27万吨/千米。宝成铁路成为我国第一条电气化铁路。

自改革开放以来，随着宝汉公路、宝成铁路的不断整修完善，极大地促进了宝鸡市、凤县的区域经济发展，也使延续千年的故道再次焕发青春与活力，保障了宝鸡通往汉中、甘肃及西南地区的客流、物流、信息流的畅通，这对于实施西部大开发，拉动秦巴山区以北、关中西南山区及甘南地区的经济发展，促进宝鸡市区、凤县及周边地区经济振兴，改变山区落后面貌，促进国防建设等都将产生积极深远的影响。

附录
"明修栈道、暗度陈仓"辨析

"明修栈道、暗度陈仓"这一脍炙人口的成语故事，源于《史记·淮阴侯传》，是对汉王刘邦采用大将韩信的计谋，声东击西，出奇制胜，北定三秦的总结。其在军事上的含义是：从正面迷惑敌人，用来掩盖自己的攻击路线，而从侧翼进行突然袭击。"明修栈道、暗度陈仓"一词虽然精彩绝伦，为后人所津津乐道，但历史文献并没有明确的记载。其最早出自元代的杂剧，在《韩元帅暗度陈仓》中：韩信派大将樊哙"明修栈道"，韩信则"领大军暗度陈仓古道，抄了后营，截了大路"[1]。元·尚仲贤《气英布》第一折："孤家用韩信之计，明修栈道，暗度陈仓，攻完三秦，劫取五国。"[2]到了明代罗贯中所著小说《三国演义》中描写诸葛亮北伐亦沿用。由此可知"明修栈道、暗度陈仓"只是元代世俗文化发展而来的固定词句，至明代发扬光大，世人皆知，其并不具有文献资料的历史性、准确性。

究竟历史上刘邦北定三秦有没有"明修栈道，暗度陈仓"，我们可以将这个成语拆开逐个辨析验证。首先是"明修栈道"，为何要修栈道，是因为刘邦入蜀，采纳张良的计策烧栈道，以示自己无意东归，让项羽安心，据《汉书·张陈王周传》载："汉王之国，良送至褒中，遣良归韩。良因说汉王烧绝栈道，示天下无还心，以固项王意。乃使良还。行，烧绝栈道。"[3]由此可以看出，栈道确实被烧，至于是全部烧毁还是部分烧断，已经不可考，而"明修栈道"之事在《史记》《汉书》等文献中却无明确记载。

"暗度陈仓"，陈仓即古陈仓城，今宝鸡市金台区戴家湾附近，暗度的意思很好理解，即不知不觉地过去，整个词意重点在一个"暗"字。据《史记·高祖本纪》记载平定关中的整个战事："八月，汉王用韩信之计，从故道还，袭雍王章邯。邯迎击汉陈仓，雍兵败，还走；止战好畤，又复败，走废丘。汉王遂定雍地，东至咸阳，引兵围雍王废丘，而遣诸将略定陇西、北地、上郡。"[4]这一系列的军事行动，只用了68个字，其中，由汉中越秦岭进入关中的紧要大事，也仅有4个字，"从故道还"。当时项羽封章邯为雍王，都废丘（今兴平东南），辖咸阳以西及甘肃东部地区。陈仓是雍王辖区西面的军事重镇，也是蜀汉北出关中的门户。渭滨区益门镇，其"益门"之名，即源于此。由益门镇南越秦岭，沿故道水河

---

[1] 李之勤：《陈仓古道考》，《中国历史地理论丛》（第23卷3辑），2008年，第119页。

[2] 宋永培、端木黎明：《汉语成语词典》，四川辞书出版社，1998年，第6页。

[3] （汉）班固：《汉书·张陈王周传》，上海古籍出版社，1988年，第556页。

[4] （汉）司马迁：《二十五史·史记·高祖纪》，上海古籍出版社，1988年，第42页。

谷而下，相继有凤县、两当、徽县诸地。徽县即古之仇池，又名河池，其西邻成县即秦汉时的下辨。成县到徽县很方便，再由徽县溯故道水河谷而上，经故道县（今凤县、两当县），越秦岭可抵陈仓。章邯为雍王时，下辨与故道同为章邯所辖。汉王依韩信之计，为了顺利地夺取陈仓，先遣曹参攻下辨和故道，以钳制进而消除这两地的防卫之力，免除陈仓守敌之外援和进军过程中之阻力。就在曹参攻下辨、故道之际，汉王果然从故道出袭雍王章邯。汉军主力自凤县越秦岭直抵陈仓，章邯始料未及，慌忙由其都城废丘（今兴平东）移师陈仓以拒之，而汉军攻势强大，章邯军一触即溃。汉军占领了陈仓，继续紧追猛进。章邯军退至好畤（今乾县东），复与汉军接战，又被击败。汉军步步进逼，章邯军走废丘，直至败亡。

还有一种说法指"暗度陈仓"是暗度陈仓道，即由陈仓道，北经连云栈道，至凤州村，然后沿故道出兵奇袭陈仓。此种说法与历史文献记载不相符，且陈仓道、连云栈道之名最早出自宋元时期的戏曲杂剧《韩元帅暗度陈仓》中，而元代的连云栈道也就是唐初或者其稍前开辟利用的，秦末汉初楚汉交兵时期并不存在，且镇守陈仓的雍王章邯也并未到过这个地方。

综上所述，从兵法奇正相合的角度来看，所谓的"明修"与"暗度"，只是表达此次军事行动采取了声东击西的战略方法。刘邦还定三秦的军事部署，完全出于韩信的谋划，《史记·淮阴侯传》中的"遂听信计，部署诸将所击"[1]可以证明，但具体的军事部署史书上并没有记载，遂使后人徒施想象，才有了"明修栈道，暗度陈仓"的戏文广为流传，此后更被总结成了三十六计的第八计，成了汉语中耳熟能详的成语典故。

---

[1]（汉）司马迁：《二十五史·史记·淮阴侯传》，上海古籍出版社，1988年，第293页。

后记

2010年宝鸡市第三次全国文物普查的田野调查工作结束后进入后期的资料整理阶段，我发现像古道路、古壁画、石窟、散落田间地头的碑石、戏楼、水利设施等均可作专题调查、研究。鉴于褒斜道、故道是关中地区穿越秦岭山脉，沟通关中、汉中、成都地区的重要道路，其中古栈道又是特有的交通形式，对研究我国古代西部地区政治、经济、文化、军事及交通方面具有重要的意义。过去不同部门的专家曾进行过古栈道的调查工作，我们在凤县、太白县第三次全国文物普查时又有新的发现，有必要再进行系统调查与资料整理。

2011年6月，宝鸡市考古研究所将古道路的调查作为专题调查的第一个项目，向陕西省文物局申请陕西省文物保护和技术研究课题"陈仓古道调查（项目编号：2011-K-018）"，获得批准立项。课题组成员有刘军社、辛怡华、王颢、张程等，刘军社担任课题组负责人。"陈仓古道"并不是指某条具体的古道路线，而是针对古陈仓（今宝鸡）地区褒斜道、故道等的专题调查。

调查报告采用题目分别为"褒斜道——陈仓古道调查报告之一""故道——陈仓古道调查报告之二"，这样命名的目的是为以后若有可能，还可继续这个课题的调查研究，完成渭水道、回中道等调查，形成系列的调查报告。在条件成熟的时候，也可对古壁画、石窟等逐项展开专题调查。

故道沿线的实地调查工作由2013年9月开始至12月结束，2014年3月至4月间断性地对沿线的重要迹象进行了复查，涉及宝鸡市渭滨区、凤县等地区。参加调查的人员包括：刘军社、辛怡华、王颢、张程、陈恩乾、杨富科、杨和平等。在调查工作中，充分利用了数码相机、手持GPS终端、电子地图定位等新的信息记录手段，力求准确、详尽。

2013年12月下旬，我们邀请凤县羌文化研究会的袁永冰一同考察了甘肃两当、徽县以及陕西略阳的故道遗存。共同考察的还有时任甘肃陇南市政协研究室主任高天佑、徽县文体局许占虎、徽县县志办曹鹏雁以及陕西略阳文化局张明等。这次考察有助于对故道、嘉陵道等名称来源及故道走向的研究，并加深了对李白当年发出"蜀道难，难于上青天"感叹的理解。

故道一是名称多，二是分岔多，三是争议多，如何在纵横交错的道路中分辨出主次，故道的主干道究竟是哪一条，是调查时必须考虑的，也是调查报告编写的关键所在。我在策划调查报告的编写时，想到了既然褒斜道、故道是关中通往汉中、成都的主要道路，它的主干道是不是可以理解为国道，分岔的道可以理解为省道、县道。这个想法得到课题组同仁的一致认同。后来在编写调查报告时就按照干道、支道、分支道等分类型编写，其结果是条目清楚，主次分明，干道的地位似乎不易动摇。现在呈现在我们面前的古道交通图是一套较为完整的古道交通体系，其实，这应该是某一个时期的。因为干道、支道、分支道是不同时期，或因种种原因逐步修建完成的。本报告中对故道干道、支道、分支道的划分只是我们课题组的初步意见。当然，在报告的编写过程中，也尽可能吸收了前人的研究成果。

需要说明的是编写调查报告时，除记录古道本身的迹象外，还将沿线左右各1千米范围内的古代遗迹、遗物纳入报告，丰富了古道的文化内涵，从中也可以窥见不同时期古道的兴衰，同时也尽可能吸收了宝鸡市第三次全国文物普查的成果。

2015年1月16日，陕西省文物局组织专家对"陈仓古道调查"项目进行了验收，一致通过验收，同意结项。验收组专家有：张天恩、秦建明、田亚岐、马涛、赵静、史党社、景宏伟。专家们在肯定项目成果的同时，就调查报告的编写提出了宝贵的意见和建议。

《故道——陈仓古道调查报告之二》由刘军社总策划，确定编写体例。辛怡华负责第二章第二节、王颢负责第三章第一节的编写，其余部分由张程负责编写。在刘军社主持下，课题组成员刘军社、辛怡华、王颢、张程讨论了调查报告结语的结构与内容，形成相对一致的意见后，由张程执笔完成。报告初稿完成后，刘军社、辛怡华审阅了初稿，并提出了修改意见。报告由刘军社、张程统稿，刘军社修改、定稿。报告中所用线图由陈恩乾绘制，照片由课题组成员拍摄。龙剑辉、郝明科提供了宝鸡市全景、炎帝陵、姜城堡遗址保护标志碑照片。

在故道调查过程中，得到了陕甘两省同道的大力支持。在课题验收过程中，专家们对项目成果给予了肯定，同时就调查报告的编写提出了宝贵的意见和建议。在报告资料搜集过程中，得到了同行的慷慨支持，调查报告的出版得到了陕西省文物局、宝鸡市文物局、科学出版社的大力支持，李茜编辑也付出了艰辛的劳动。在此一并表示衷心感谢！

由于水平所限，报告中存在疏漏和错误在所难免，希望得到大家的批评指正。

编者
2019年10月21日